「平和に対する罪」はアメリカにこそある

在米日本人学者が明かす「太平洋戦争」の真実

元南カリフォルニア大学教授
目良浩一

ハート出版

はじめに

日本国を初めて離れたのはフルブライト留学生として『氷川丸』で米国へ渡った1959年であった。その時は、早くから日本国の真の独立を訴えて言論活動を始めた小室直樹氏と共に乗船し、シアトルで下船しそれぞれの目的地に向かい、私はプリンストンに到着した。私は戦後日本の復興を考えて都市計画や経済学を勉強したのであるが、大学で教鞭をとることに一区切りをつける前に、まだ重要なことをやり残していることに気がついた。

日本国は経済的には高所得国の仲間に入っているが、政治的には自立からは程遠く、いまだに米国に自国の防衛を依存し、日本人は二十世紀の前半では侵略戦争を引き起こしたと思い込み、アジア諸国に謝罪しなければならないという罪悪感を持っている人が多いという事実に気がついたのである。その後研究をするにつけ、このような自虐的歴史観は、東京裁判などの占領軍による洗脳政策によるもので、歴史的な事実から乖離していると結論するに至った。

そこで、2006年に、まだ南カリフォルニア大学のビジネススクールで教えてきたが、ロサンジェルスの日本人有志を集めて日本の近現代史の勉強会を始めた。大正時代から昭和の歴史に関しては、日本では殆ど教えられていない。従って、皆にとっては新しい分野であった。さらにその頃は旧ソ連の崩壊によってソ連の謀略の事実が明らかになり、『誰も知らなかった毛沢東』が出版されたり、今までに知られていなかった戦前・戦中のアメリカ内にはびこっていたソ連のスパイとコミンテルンとの暗号通信が、高速コンピューターによって解読されるなどの新しい情報（ヴェノナ文書と呼ばれている）が入ってくる時期にも巡り合ったので、当時の情報がかなり豊富に入手できた。

この勉強会には常時20余の参加者が集まり、毎月一回集合して、特定の書物について討議した。当時の日本は自民党が不安定で、民主党政権が出現した時期でもあり、日本の将来は極めて危険な状況にあったので、その会を「日本再生研究会」と名づけた。そして、会における議論の結果などを踏まえて、有志が著書を書くことになり、『マッカーサーの呪いから目覚めよ日本人！』が２０１２年に出版された。

日本は侵略を目的として戦争をしたのではない、やむを得ずに戦ったのである。東京裁判は、国際法には何らの根拠のない、無謀な裁判である。この戦争のおかげで多くのアジア、アフリカの植民地が独立を達成することが出来、日本は戦争には負けたが、その目的は達成された。この本は日本人は自信を持つべきであるという趣旨で書かれている。

その後、私自身でこの問題をさらに研究し、日本を挑発するために米国大統領のフランクリン・ルーズベルトが具体的にどのような戦争準備をしたか、どのようにして日本を挑発したかをさらに細かく検討し、その策略を明らかにした。

ルーズベルトが戦争を計画したという文書を発見することは困難であるが、彼が実行した事柄から推考して、彼が戦争を計画したことは明らかである。第4章にそれが詳述されている。これらの事項は米国においても初めて明らかにされるものである。さらに、連合軍の占領政策について総合的に見直したのが第6章である。この占領政策は、日本国が二度と再び米国に立ち向かわないようにするための日本「去勢」計画で、周到に用意され見事に実行されたのである。その結果、日本は無限に「お人よし」の国になり果てたのである。

この二つの章を柱として日本の戦争体験を再構築したのがこの書である。本書は、ペリーの軍事的脅威による開国要求から引き続いていた日米の対立の背景の中で、日本とアメリカがどのようにアジア諸国に対応してきたか、どのような利害の対立が起こったか、どのようにそれぞれは解決しようとしたかなどが書かれている。

占領政策において実施された言論統制、国家的書物の排除、裁判による有罪宣告などは、日本の国家としての特徴を抹殺しようとした、まさに犯罪的な行為である。日本国民はその事実を深く認識して、日本国の伝統的な特性を取り戻し、積極的に世界の平和と協調のために参加することを著者は切望し、この著書がそのために何らかの貢献をすることを希望している。

目良浩一

2019年2月

目次——「平和に対する罪」はアメリカにこそある

第7章　大東亜戦争が残した遺産　165

本書は全体として新著作ですが、第2章と第7章は、平成24年刊行の目良浩一、井上雍雄、今森貞夫共著『マッカーサーの呪いから目覚めよ日本人！』（桜の花出版）から再録したものを章題を変えて収録しています。

第1章

一度、**罠**にかかった日本

日本への二つの罠

この著書は日本に対する二度の悲劇をテーマとしている。

最初のものは外国による謀略によって決断させられた1941年12月8日の日本海軍による真珠湾の攻撃であり、第二のものは1945年の連合国への降伏後に起こった占領政策である。最初の罠は、数章に亘る説明が必要でその背景が第1章から2章までに示されている。そして、悲劇の最重要事柄については第4章に記述されている。

占領軍は日本人の国家観を剥ぎ取った

第二の罠は、いまだに日本人の行動を制約しているのである。

例えば、現在の日本人は一般に元旦や天皇誕生日であっても国旗を掲揚したり、国歌を歌ったりすることをためらう。しかし、一旦外国へ出ると、日本が非難されようものなら、それを必死に防衛するのが普通である。人々は国を愛しているのであろうが、日本国の象徴である国旗などには愛着がないのかもしれない。彼らは国の現況に満足しているようであるが、国旗や国歌が作られた100年以上前の国家の体制については違和感を持っているのかもしれない。いや、多くの日本人は大東亜（太平洋）戦争の終わった1945年以前の国家の体制にむしろ疑念を持っているのである。私の記憶によると、大東亜戦争の前や戦時中には情熱を持って、献身的に国旗を掲揚して国家を斉唱したものである。今では全く異なっている。

この変化は戦後連合軍総司令官ダグラス・マッカーサー元帥の指導の下の占領政策によって起こされたものである。米国政府の指導の下に、1952年に平和条約が発効するまで元帥は日本を完全な独裁者として統治したのである。彼は国家の根幹を根本から変える指令を数多く発令して日本国家を変貌させたのである。第6章に詳述しているように、彼は軍備を撤廃し、財閥を解体し、産業界や政界から影響力のある人々を追放し、そして天皇を全権現人神《あらひとがみ》から単なる象徴に変貌させた。教育体制は変えられ、占領政策の緊急措置として、古い教科書のかなりの部分が墨で黒く塗りつぶされた。戦争を支援した組織はすべて閉鎖され、占領軍が作成した憲法が巧みに議会で承認された。

日本人は、他国の人々はすべて平和を愛する人々であると信じることを強制され、彼らの信義を信頼するように教えられた。憲法の前文にそのような文言があるのである。ポツダム宣言は、日本に無条件降伏を要求していないにもかかわらず、占領軍は無条件降伏であるようにふるまい、日本政府や個人に無条件の服従を強いた。しかも、多くの命令は例えば72時間のような短時間内に実現することを要請された。たまたま、日本人は命令に従うことに慣れていたので、それらの命令を忠実に守ったのである。

これらの改革の終局的な目的は明白である。占領軍の総司令部は日本を無力化して、未来永劫にアメリカに再び挑戦することなど無いようにすることであった。この目的のために、日本から戦力を無くし、社会組織を根本から変えて、国家目標を以前の「富国強兵」から無邪気な「平和愛好国家」にした。さらに、日本国民がアメリカを愛するようにとアメリカ文化を導入し、その制度も導入した。この政策は1951年にサンフランシスコ平和条約が調印され、次年に連合軍の占領が終了するまで続いた。

しかし、その後日本は独立したにもかかわらず占領政策の影響は強く残存し、今日《こんにち》でもそのままであるといっても過言ではない。すなわち、多くの日本人は学校で教わった通りに今でも、日本は近隣国を「侵略」し、朝鮮人、支那人、満州人、東南アジア人などを虐殺したり、拷問にかけたり、強制労働を強いたと信じているのである。後でこの本で述べるように、もしこのようなことがあったとしても、これらの事件はサンフランシスコ平和条約及びその後の二国間条約でもって解決していることである。

しかし、日本人の心の中には罪の意識がいまだに生々しく生き残っているのである。それを見透かして、韓国や中国が戦争に関することで日本を責め立てると、多くの日本人は心からの反省をし、必要とあれば謝罪をしなければならないと感じ、言われるままに謝罪するのである。

このような考え方は、年配の日本人に見られるが、若い人にも見られる。

数年前に、カリフォルニア在住の日本人を対象にして調査をしたところ、慰安婦問題と「南京虐殺」について、回答者の35％は日本は中国と韓国に謝罪をしなければならないと答え、38％の回答者は、２００７年の米国下院の日本政府非難決議１２１号は妥当であると答えた。これらの数字は圧倒的ではないが、見過ごせるものではない。韓国や中国では国定教科書などで「日本は犯罪を犯した」と教え込んでいる。さらに戦勝国アメリカはフランクリン・ルーズベルト大統領の言葉を教え込まれ、多くのアメリカ人は「第二次世界大戦で、侵略国家日本を打ち負かし正義の闘いをした」と信じている。したがって、ルーズベルト大統領は米国を勝利に導いた偉大な指導者であると思っている。

サンフランシスコ講和条約に署名する吉田首相

しかし、彼の行動を新しく発見された事実に照らして検討すると、ルーズベルト大統領の偉大な業績は巧みに計算された罠であったといえるのである。近年になって公開された情報から解釈すると、ルーズベルト大統領は日本を窮地に陥れることによって、連合軍を攻撃するように、数多くの策略を講じていたことが判明してきている。この件については第3章で取り上げている。

筆者は戦後に占領軍によってなされたすべての改革を非難するのではないが、ダグラス・マッカーサーの政策によって植え付けられた日本人の自国に対する考えは占領政策の目的を達成するためのものであり、日本人に罪の意識とアメリカに対する従属心を植え付けるためのものであったことを強調したい。そして、アメリカの占領政策は、彼の観点からすると完全に達成されたのである。その過程は第4章に詳述しているが、以下に概要を述べる。

東京裁判のために作られた環境

東京裁判（正式には極東国際軍事裁判）は、軍国的な考えの一掃、メディアやその他の通信などの完全な管理と共に、占領政策の重要な一部であった。日本政府が承諾したポツダム宣言には言論の自由が必要不可欠な原理であると記載されていたにもかかわらず、占領軍はメディアと通信を厳重に規制し、マッカーサーや連合軍とその軍隊などに対する批判報道を完全に封じていた。

通信社や全国紙などは事前に検閲され、地方紙も事後検閲、個人間の郵便も検閲された。出版物も事前の許可を受けなければ出版できなかった。

このような厳格な情報通信の規制の下に連合軍は東京裁判を実施し、その裁判があたかも公正でしかも公平であるような印象を与えるようにし、それを通じて米国の見解を日本人に伝達した。彼らは、日本人が二つのグループに分かれているとした。一つが侵略を目指した少数の人たちで、もう一つが全く罪のない一般の国民である。戦争は、一握りの侵略者によって起こされ、その結果アジアの多くの人が深刻な迷惑をこうむったとし、それらの人々は処罰・処刑された。通常の人々は戦前・戦中の侵略行為を悪事であると考え、その後は国際的な調和と平和を維持するように教えられた。

日本人の中には東京裁判は勝者が敗者に押し付けた儀式であるととらえた者もいたが、多くの国民はその判決を慎重な審議の結果出されたものではないと考えることもできなかった。第一に、人々は見解を述べることができなかった。新聞社は、検閲された記事しか出せなかった。唯一の放送局であるＮＨＫは、占領軍に完全に管理されていた。早急にＧＨＱで作られた憲法草案は、あたかも日本の国会で作られた草案のように扱われて、国会を通過した。この憲法は、国民に戦争自体が悪事で、戦争したこと自体を後悔すべきであると考えるように仕向けられたのであった。

連合軍の欺瞞が近年に公開された文書で明らかになった

1930年代や40年代の世界情勢を見てみると、日本が戦争に訴えたことを責めることはできない。その時代は、強国が世界を支配していた時であった。その時期には日本は強国の仲間に入ったばかりであって、既得権を持った強国が日本に数々の難題を押し付けていたのである。1929年に始まった大恐慌の結果、既存の西欧の強国は宗主国と植民地だけの閉ざされた経済圏を作り上げ、圏外からの輸入を極度に抑えた。資源がなく、貿易によって経済を立ち上げてきた日本国は経済を動かしていく術を失ってしまった。そのために、日本は近隣諸国に出て行かざるを得なかった。

しかし日本は、西欧の列強のようには隣国を植民地にしたのではない。朝鮮の場合には、条約による併合であり、満州国の場合には、諸国民が共同して作り上げる新しい国家を作り上げたのである。けれども、どこへ行っても、日本には障害物があった。当時、中国では強国が激しく競い合って割譲を迫っていた。日本もその仲間に入った。しかも、ソ連は北の方から中国を、新設された共産主義思想をもって支配しようとしていた。

大東亜戦争、それは米国では太平洋戦争といわれているが、このような国際的な利害の衝突の中で発生したもので、東京裁判で裁かれた数人の日本の軍人や政治家が計画して実行に移したものではない。当時の国際法は、交渉によって国際間の問題が解決しなければ、国家の存続の自衛のためであれば、武力に訴えることを禁止してはいなかった。この観点だけからしても、東京裁判の結果は承認できないのである。しかし、戦勝国が一緒になって「東京裁判」という儀式を行い、「東京裁判史観」を巧みに作り上げた。この事実は、連合国総司令部にとって大成功であったが、日本にとっては国家の歴史上の大悲劇であった。

戦争が終了してから70年以上が経った今、それらを冷静に振り返ることができる。ソ連邦が崩壊したので、ＫＧＢの秘密文書が見られるようになり、コンピューター性能の向上によって、１９９０年代にはそれまで解読できなかったスパイの交信記録が解読できるようになり（それはヴェノナ文書といわれている）、また長年極秘とされてきた文書も公開されるようになった。これらの展開によって、東京裁判の時に提示された歴史的な記述はかなり変更されることになった。

これらの新しい知識に基づいた大東亜戦争についての本を、筆者はアメリカの出版社から英語圏の人々に与えるために書いた。英語圏の人々には、自分自身の歴史を振りかえるにあたり必要な新しい視点を提供することになった。当然、日本の人にもお知らせしたい。それによって、日本人を罪の意識から救い出し、真実の、そして正確な歴史的知識を通じて、異なった国の人々がより深く、建設的な相互理解を達成することができるのである。

第2章

世界初、日本の反植民地主義

アジアの解放と日本の役割

第二次世界大戦前や戦争中の日本のアジアへの進出は、戦後は「侵略」であったとしばしば言われているが、当時の世界情勢からすると、それは強国の通常の海外への進出であり、特に日本の地政学的状況下にあっては、侵略というよりも進出という意味合いの方が大きかった。

それまでの列強の進出は、明らかに国益のために、またはその国家の企業のために弱小国家ないし地域を侵略したのであるが、日本の場合においては自国の防衛が第一義であり、この点が他国との根本的な違いであった。すなわち、当時の世界情勢は、米国、英国、フランス、オランダなどの列強といわれる国々が、非白人圏の軍事力の弱い国や地域を次々と植民地化し、それらの地区から資源を搾取し、現地の労働力を奴隷同然に使用して、本国の所得や資産を増大させていた時代である。植民地化されたアジアやアフリカは言うに及ばず、非白人種の地域であった。非白人種は白人種の優越性を認めざるを得ない状況に置かれていて、不服ながらも被支配の状況に甘んじていた。

しかし1905年、白人国家ロシアの満州・朝鮮半島への進出を阻止し、それとの戦いに勝利を収めたアジアの新興国家日本は、アジア解放の尖兵として、当時のアジアの植民地の人々に限りない希望と自信を与え、植民地からの解放と自主独立への機運を駆り立てたのである。明治維新以後の日本はそれ自身をヨーロッパ先進国の植民政策から「解放」することを最大の使命として努力してきたが、西欧諸国に征服され植民地政策によって制圧されていたアジアの諸国を解放することも意図して、アジアへ進出したのであった。①

以下に、アジア解放の過程を概観しよう。

武力による開国要求に対する日本の回答

１８５３年に米国の特使、ペリー提督が武装戦艦隊を携えて日本に開国を要求した時、徳川幕府は世界の情勢を検討した結果、日本は開国するべきであるとの結論に達してその要求に応じて開国した。明治維新後は「文明開化」が国是となり、開国時に米国による脅迫のもとで止む無く調印した「不平等条約」を改定するために、近代国家としての制度の整備と経済の発展、戦力の増強とに励むことになった。すなわち、列強に伍することを目指すか、そうでなければ、当時の中国のように西欧の列強に侵食されるか、インドのように植民地統治を受けるかの選択を迫られていたのである。日本の場合には、開国し、近代化によって独立国家として他の西欧諸国と競合してゆく道を選択した。後の展開を考えると、それは賢明な決定であったといえよう。

そこで、日本は欧米の文化・技術を取り入れ、憲法を制定し、議会を開き、製鉄所を開設し、近代製造業を振興させ、近代国家としての形式と内容を整えた。50年余り後の1911年にはその努力の甲斐あって、小村寿太郎外務大臣が改正条約満期に伴い「新日米通商条約」に調印し、関税自主権の完全回復を果たし、不平等条約が改正されるに至ったのである。また他国とも改正調印を行い、不平等条約の改正を達成したとはいえ、まだまだ不完全ではあった。日本は少なくとも、形式上は、西欧先進国と同等であると認められたのである。

ここまでに達する道のりは、決して容易なものではなかった。徳川幕府と薩長との戦い、建国志士の活躍、明治天皇の英断、江戸時代から培われた教育水準の高さなどが幸いして近代国家の成立がなされた。特にその当時の日本の指導者が注目したのは、隣国、中国の混迷である。明確な指導体制を失っていた清朝は、英国に阿片戦争を仕掛けられ、多大な人的、経済的損失を蒙り、東洋の盟主としての威厳も実力も失ってしまっていた。そのことが、日本の指導者に深刻な危機感を与え、日本が独立国家として行く道が極めて険しいことを示すことになった。懸命な努力をして独立を保つか、そうでなければ先進国の植民地になるかしか選択肢はないということを彼らはよく認識して、植民地にならないように積極的に近代化政策を実行したのであった。その結果国力は増強し、独立を維持し得たのである。②

中国・朝鮮・ロシアとの緊張関係

外国に目を向けると日本は安心できる状況ではなかった。ロシアはシベリアに進出し、現在の中国の東北地域（当時の満州：現在の遼寧省、吉林省、黒竜江省）を勢力圏に入れ、当時、鎖国をしていた朝鮮の李王朝に開国を迫っていたし、朝鮮の植民地化も視野に入れていた。朝鮮は当時、中国の属国の地位に甘んじていて、中国政府が他国の侵略から朝鮮を防衛する立場にあった。しかし、中国清朝の行政能力は極度に減退しており、各地方の豪族がかなりの地域を支配していた。イギリス、ドイツ、フランスなどは、それぞれが既に中国に権益を確保し、経済的利益を得ていたが、アメリカは出遅れていたため、自国に有利に働くための「機会均等」の原則を唱えて他の国を牽制し中国における権益を確保しようとしていた。

日本が朝鮮国について干渉し始めたのは、明治維新直後の１８６８年である。日本の懸念は、ロシアが朝鮮に進出してくることであった。当時、李王朝は指導力を欠き、派閥争いに終始していたので、それに乗じてロシアが権力を行使し始める可能性は充分にあった。日本としては、朝鮮が独立国として中国からも独立し、ロシアに対しても対等に行動でき、日本に友好的な国になることを望んでいた。少なくとも、朝鮮が日本と協力して、ロシアの進出を阻止する力になることを政府は狙っていた。なぜなら、朝鮮がロシアの植民地になると、次は日本が狙われることは明白だったからである。

そこで、使節を派遣して国交を始めようとしたが、李王朝は日本側が差し出す些細な事務的な問題を理由として、使節を受け付けなかった。しかし何度も折衝を重ねるうちに、1874年には李王朝側から日本に対応するようになったが、それぞれが自国の儀礼方式を主張したために、交渉は進捗しなかった。このような状態を案じた日本側は積極的示威行動に出るとともに、中国の仲介の労によって、1876年に日朝交渉がやっと開始されたのだった。そして、3月22日に「日朝修好条規」が批准され発効することになったが、この条約で初めて日本国は朝鮮国を独立国と認め、初めて朝鮮は他国から独立国と認められたのである。③

しかし、朝鮮の自立はなかなか進まなかった。1882年に朝鮮に内乱（壬午内乱）が起こると、清国は多大な数の軍隊を派遣してそれを鎮圧し、その後は李朝に対する干渉をさらに強めた。旧来の宗属関係よりも、むしろ近代的な植民地支配へ移行していったのである。このような干渉強化が進むにつれ、朝鮮内部の独立を志向していた開化派官僚たちはそれに反撥し、自主的開国の経験を持つ日本の後押しを望むようになった。

1884年12月には、独立党の金玉均《キムオッキュン》を中心としたクーデター（甲申事変）が起こったが、清国の軍隊によって鎮圧された。この出来事で日本は清国と対立したが、その翌年両国はこの件について政治的決着をつけ、「漢城（日韓講和）条約」が締結された。その直後に日清両政府は「天津条約」を結び、両国は朝鮮から撤兵することに同意した。

しかし、この日清の撤兵は朝鮮への進出を狙っていたロシアには願ってもない出来事であった。その直後から、ロシアと朝鮮李朝の交渉は頻繁になり、政府内部では密約を交わす動きもあった。李朝内部での権力争いがあり、一方はロシアと結んで、清朝や日本の勢力に対抗しようとした。また、イギリスが朝鮮海峡の島を占拠したり、アメリカは専門家を派遣するなどして、朝鮮への関心度を強めていった。しかし、清朝は１８８５年10月に袁世凱《えんせいがい》を代表として李朝の監督を強め、また、時同じくしてロシアも李朝に取り入る懸命の画策を行った。そして、１８９１年に、ロシアはシベリア鉄道建設に着手し、東アジアへの本格的進出の意図を示した。その結果、日本は朝鮮半島から後退を余儀なくされていったのである。

朝鮮半島での日清衝突と三国干渉の圧力

１８９４年５月に不当な徴税に反対する農民集団が全羅道で決起した。この東学党の乱（甲午農民武装蜂起）が拡大し、国家的な危機となった時に、日本と中国がその鎮圧のために兵を出した。

日本はその当時に進出していた邦人の安全を確保するためとして出兵し、中国は宗主国として出兵した。事実その当時は、かなりの日本人が朝鮮へ出て経済活動をしていた。李朝は急遽、農民軍の幣制《へいせい》改革案を受理し、両軍の撤収を要求したが、日本はより徹底した内政改革が実施されなければ内乱が再発するとして、軍の撤収に応じなかった。

逆に、日本側は清国軍の撤兵を要求し、李朝に清国との宗属関係の破棄を迫ったため、7月には日本軍と清朝の軍隊の戦闘になった。これを「日清戦争」というが、両国は朝鮮における影響力を得るために競ったのである。それは結局、東郷平八郎らの働きにより日本軍の勝利で決着し、1895年4月に「日清講和条約」(下関条約)が締結された。

新興日本が大国中国を倒したのである。それは一般には予想もされない結果であった。この日清戦争の結果、朝鮮は中国から独立し、日本と対等な国家となったのである。そして、台湾の領有権が清朝から日本に移管された。しかしその直後、ロシア、ドイツ、フランスは、日本が戦利として獲得した遼東半島の領有権を放棄するように強力な圧力をかけてきた。戦力に余裕のない日本はそれを苦々しく了承したのである。すなわち、「三国干渉」である。これらの三国は、その干渉の代償として、中国から遼東半島など各地の利権を獲得した。ヨーロッパの列強は、隙さえあらば利権をむさぼり取る習性があることを日本は学んだのである。④

三国干渉の結果、日本が意図していた朝鮮の近代化改革は大幅に後退することになった。李朝はロシアへの関係をますます深め、親日的官僚は排除され、親露派が多数入閣するようになった。その後、１８９６年2月には農民層の武装蜂起の鎮圧を理由に、親露派クーデターが起こり、国王はロシア公使館内で国政をまかなうまでに追い詰められた。

李朝政府には、ロシアの軍事顧問や財政顧問などが任命され、日本の影響力は消滅した。隣国にロシアの傀儡政権が出来たのである。このような情勢の中で、１８９６年には朝鮮知識人によって独立協会が設立され、列強に権益を与えて援助を受ける政府の方針に強烈な批判を浴びせた。そして自主独立と朝鮮人自らの手による改革を提唱した。しかし、その頃、列強諸国の進出は著しく、ドイツは膠州湾《こうしゅう》を清国から占拠し、99年間の租借権を獲得、ロシアの太平洋艦隊が旅順に入り、遼東半島とその沿岸の25年間の租借権を得、フランスは華南の利権を、イギリスは九竜半島の租借権を得たのである。

正に西欧列強のやりたい放題であった。これが列強による植民地政策の真実であり、このことを抜きには日中戦争も太平洋戦争も語れないことを日本人は真に再認識しなければならないのである。

ロシア・中国から旧朝鮮を救った日本

1900年には、中国に義和団事件が勃発した。6月に天津付近で西洋人宣教師二人が殺害されたのをきっかけに、日英米露独仏伊墺の連合軍が中国へ出動して暴動を鎮圧したが、ロシアは鎮圧後も撤兵せず、4000名の兵力を満州に駐在させ、占領状態を続けた。日本は英国と同盟を結び、ロシアの撤兵を要求するが、一部撤兵したものの、朝鮮との国境に兵力を温存した。その間にシベリア鉄道が完成し、ロシアの南進の態勢が整った。

1903年8月、日本の撤兵要求に対してロシアはそれを拒否、逆に日本に対し北緯39度線で朝鮮半島を分割し、それぞれの勢力下におくことを提案してきた。しかし、日本がそれを拒否したために交渉は行き詰まった。ロシアは満州の実質的占領を宣言したのである。

1904年2月、日本軍は朝鮮の仁川に上陸、満州の旅順港でロシア艦隊を攻撃して、日露戦争が始まった。すなわち、朝鮮および満州の権益をかけての争いであった。1905年には、旅順が陥落しロシア軍は敗走した。奉天会戦に続き、日本海海戦で日本が劇的勝利を得、世界中を驚かせた。9月にアメリカの仲介で、「日露講和条約」（ポーツマス条約）が調印された。

この条約で、日本は朝鮮半島における政治・軍事・経済上の特権をロシアから受け継ぐことが承認された。中国遼東半島の租借権と満州の長春・旅順間の鉄道をロシアから受け継ぎ、樺太南部を日本の領土とし、ロシア沿海州に漁業権を獲得した。その直後の11月、この条約に基づいて第二次日韓協約が結ばれた。韓国はロシアの影響力から離脱し、完全に日本の保護国となった。

すなわち、朝鮮は自主的に行動できずにロシア、中国に植民地化されようとしていた。そのロシアや中国から朝鮮半島を守り、日本自身が将来植民地化されることをも未然に防ぐ目的のために、日本は日清・日露の二度の戦争をしなければならなかったのである。もし日本が日露戦争に負けていたら、朝鮮はロシアの植民地になり、日本自体の領土も一部割譲しなければならなかったであろう。この事実を日本人のみならず朝鮮人や韓国人の皆さんも認識しなければならない。ところが当の韓国は一度たりとも中国の属国ではなかったと主張する現況下では何をか言わんやであり、全く話にならないのである。彼らの歴史認識には感情論が大きく支配し、客観性が欠落しているのである。

保護国となった韓国（当時、李氏朝鮮は大韓帝国と称した）には、日本の統治に反対する団体もあったが、大きな力にはなりえず、逆に日本との合邦を唱える一進会にもかなりの支持者があり、人民の意見はまとまっていなかった。その間に日本による統合の動きが進み、ロシアとイギリスの同意の下に、１９１０年8月に「日韓併合条約」が調印され、韓国は日本に併合されたのである。それは、二国が対等の立場で合併する合邦とは異なり、韓国皇帝が、統治権を日本国皇帝に永久に譲与するという形で行われた併合であり、国際法的に認められた併合の形式であった。

⑤
このように、当時の列強と称する先進国は、弱小国を植民地とするか、保護国とするか、国益にかなった同盟国とするかの選択肢はあったものの、主に軍事力を背景として国際関係を処理していた。日本の場合も例外ではなく、清国や英国やロシアなどと競い合い、日本としては、第一の隣国である朝鮮やそれに隣接した満州における権益を、死力を尽くして確保しようとし、競争相手の列強と、時には軍事力をもって競い合ったのである。

さらに当時の状況をよく理解するには、経済状況について考えてみる必要がある。その頃は、ＧＡＴＴやＷＴＯなどが設立されておらず、輸出入にはかなりの制限や関税障壁があった。それぞれの列強は、その植民地を含むそれ自体の経済圏内で主に取引をし、従って、支配できる大きな経済圏を持つことはそれ自体極めて有利なことであった。特に、天然資源付与に恵まれず、人口密度の高い日本国の場合には、資源を持つ国または地域と密接な関係にあることが、極めて重要な経済発展の要件であった。

この事実は、日本国が当時行った行動をすべて容認することにはならないが、しかし、当時日本を含むすべての列強が海外で行った行動を説明する要因ではある。つまり、日本は他の列強が行った事と同様なことを近隣の国で行ったのである。もし、その行為を「侵略」と言うならば、すべての列強は「侵略」を行ったことになる。しかし、通常アメリカ、イギリス、オランダ、ロシアなどが行った弱小国地域の植民地化は「侵略」という言葉では表現されない。日本の行為だけを「侵略」と称するのは、明らかに正当ではない。⑥

しかも、日本の場合には、国土内には天然資源の付与が極めて少なく、また植民地を全く持たなかったために、海外進出の必要度は高かったのである。しかも、日本の海外進出には明らかに一つの特色があった。それは、西欧の列強の侵略に対する自衛であった。決定的に他国の進出と異なる点である。正にそこに日本の正当性が有されているのである。幕末の開国が自衛であったように、ロシアの南下を防ぐことは、20世紀初頭の国家の一大使命であった。

たとえ他の国への進出が軍事力に拠ったとしても、日本の台湾や韓国の併合には、明らかな特色があった。それは併合された地域を内地と同等に扱い、住民に教育を平等に受けさせ、またインフラストラクチャーを整備して、産業の振興を図ったことである。⑦

それは「同化」であって決して植民地化ではなかった。にもかかわらず、いまや日本人までもが植民地化と呼ぶのだから無知とは恐ろしいものである。

独立後の韓国は、「日本の統治下にあった朝鮮では日本人による『搾取』『迫害』『虐殺』『抑圧』『弾圧』しかなかった」と教えているが、それは根本的な間違いである。無知である。否、捏造と洗脳でしかない。その頃の事情に詳しい、著述家の黄文雄は、日本の統治は内地から政府支出の15から20％を補助金として朝鮮の統治に当てたことによって行政が行われ、以下のような歴史的貢献があったとしている。⑧

1. 中国により半島に幽閉された千年属国の解放
2. 国土改造から生態系に至るまでの更生
3. 優生学的環境改善からの民力向上
4. 牢固たる伝統的階級制度からの奴婢の解放
5. 絶滅しつつある朝鮮伝統文化の保護と再生
6. 半島の民力を超えた近代的社会基盤の構築
7. 韓国・朝鮮民族の育成

すなわち、１９１０年またはそれ以前からの日本政府の行政によって、１９４５年までに朝鮮半島には近代国家となるべき基礎が充分に構築されたのである。

崔基鎬《チエキホ》の『日韓併合』によれば、当時朝鮮を統治していた朝鮮総督府は、併合以前には１００

校しかなかった小学校を1944年までには5213校に増やし、大阪帝大の7年前に京城（ソウル）に京城帝国大学を設立した。鉄道に関しては、1910年の併合時までには1039キロの路線が日本からの資金一億円で完成していたが、1945年までにはさらに2億6千万円を投じて6632キロに延長されていた。

農業においては、農会、金融組合、産業組合の設置をして、その近代化を図り、治山治水事業を行い、その結果、耕作地は246万町歩〔244万ヘクタール〕から434万町歩〔430万ヘクタール〕に増大し、米の収穫量は倍増した。大型水力発電所の建設も行われた。このような政策に支えられて、朝鮮半島の人口は、1910年の1千312万から、1942年には2千552万へと増加したのである。⑨

この点に関しては、「漢江の奇跡」といわれる驚くべき経済成長を成し遂げた基礎を作った朴正熙大統領が、訪韓した福田赳夫首相に酒席で伝えたとされる発言が示唆に富んでいる。日韓の閣僚たちが日本語で会話をしている最中に、韓国側のとある高官が植民地統治を批判する旨の発言を始めた。

このとき朴大統領は、「日本の朝鮮統治はそう悪かったとは思わない。自分は非常に貧しい農村の子供で従来なら学校にも行けなかったのに、日本人が来て義務教育を受けさせない親は罰すると命令したので、親は仕方なしに大事な労働力だった自分を学校に行かせてくれた。一生懸命頑張ったので成績が良かった。すると日本人の先生が師範学校に行けと勧めてくれた。さらに軍官学校を経て東京の陸軍士官学校に進学し、首席で卒業することができた。卒業式では日本人を含めた卒業生を代表して答辞を読んだ。日本の教育は割と公平だったと思うし、日本の統治も私は感情的に非難するつもりはない。むしろ私は評価している」と語り、批判的発言をした韓国高官をたしなめた。⑩

戦後間もない1960年代の指導者で、直接に日本の統治を経験した韓国人がこのような印象を持っていたことは、当然といっても過言ではない。不幸だったのはその発言に激怒した側近中の側近の民族主義者によって後に暗殺されたことである。この暗殺がなければ日韓関係は大いに友好的発展を遂げたであろう。

アジア諸国の独立と近代化の推進

日露戦争において、日本が勝つとは世界の誰も想像していないことであった。しかし、それでも戦わなければならなかったのは、ロシアに侵略される危険性を日本の指導者が身近に感じたからであった。そして、それはアジアの国が白人の国家を破った世界の歴史上初めての経験であった。このことは、白人国家の圧制に悩むアジア人に勇気を与えることになった。彼らは、宗主国の制圧を打破し、独立することができるのだという希望を見出したのである。

一方の日本は、長年待望していた列強の仲間入りを果たしたのである。

そして、この希望は、（１）日本が中心となってアジア諸国を指導することで、その盟主としてアジア諸国を導いていくことを構想するようになっていく。他方では、（２）アジアの盟主として、混迷を深める朝鮮・中国・蒙古などを近代化して、西欧諸国に対抗できる政治・経済圏をつくることも考えられた。

前者を代表する著作は樽井藤吉の『大東合邦論』（１８９３年）で、朝鮮や中国の指導者にもかなりの影響を与えた。この主張は、日本を盟主とする大東亜連盟を結成し、西欧列強の進出を退け、衰退するアジア諸国の共同の繁栄を得ようとするものであった。この二つの考えは必ずしも相反的ではないが、後者はより明確な具体的行動を予期していた。

政治的に混迷を極めている朝鮮や中国は日本の指導によって近代化を遂げるべきだとするもので、朝鮮の併合はその一つの例であった。ロシアとの戦いに勝ち、遼東半島に権益を得、南満州の鉄道の所有権を得た日本は、当然のこととして満州における統治の近代化を目指すことになった。当時の中国東北地域、すなわち満州は匪賊の跋扈《ばっこ》する土地であり、地方軍閥が割拠する荒蕪《こうぶ》の土地であった。そして、そこは満州人の土地であって、漢民族の土地ではなかった。末期的症状を示していた清朝の行政からは遠い地域であった。⑪

とはいえ、清朝自体は満州人が打ち立てたものであり、その意味では満州こそが彼らの故郷ではあったが、実質そこは遅れた危険な地域でしかなかったのである。中国政府に見放されている満州人としては、独立国を作る絶好の機会であった。

当時の日本は、満州に対して非常な熱意を持っていた。特に、1911年に孫文が辛亥革命を起こし、中華民国を樹立し、中国を漢民族の支配に戻すと、清朝を支配していた満州人は排除され、伝統的に国外と考えられていた万里の長城の外にある満州への関心は急激に減退していった。周辺の少数民族はこの機会を逃さずそれぞれに独立を図った。外モンゴルでは、1911年にモンゴル帝国が成立した。満州人は清朝を追われた今となっては、固有の土地に独立国家建設を希求するようになる。関東軍や日本政府が目的としたのは、その満州人の希望が日本の国益に合致することに応じて、幾つかの民族の調和を図りながら近代的な国家を建設することであった。⑫

植民地化されていたアジア・アフリカ人に勇気を与えた日本

このように世界の列強国に伍して活躍している近代日本の姿は、アジア・アフリカの植民地化されていた国の人々に驚きと勇気を与えた。それまでは列強はすべて白人国家であったから、白人とは全く関係のない非白人の日本人が、アジアに進出してきたロシアを破ったことは、それまでの歴史に類例を見ない晴天霹靂の出来事であった。植民地となっていた各地で、それぞれに独立運動はあったものの、この出来事を契機として彼らは勇気づけられた。

アメリカの歴史学者ロスロップ・スタッダードは以下のように述べている。「すでに四百年の間、連続的勝利によって、白人は本能的に自己の膨張は無限に継続するものと信ずるに至った。１９０４年の日露戦争以前には、自己の膨張が停止するというような思想は白人千人中の一人も考え及ばなかった」⒀

１９０５年の日本の勝利は、アジア諸国の人々に独立への勇気を与えた。そして、１９０８年には、インドネシアで民族主義団体ブディ・ウトモが編成され、トルコでは青年トルコ党の革命運動や汎イスラム主義の反英運動が起こった。そして中国では、１９１１年に辛亥革命が起こり清朝が滅び中華民国が誕生した。

しかし、各地の独立運動は、その30年後の日本軍の大東亜戦争における赫々《かっかく》たる戦果によってさらに一層、燃え上がるのである。真珠湾の攻撃と同時に、日本軍はマレー半島に上陸し、英国軍を制圧して、シンガポールは陥落した。東洋人が大英帝国の主要拠点を極めて短時間で攻略したのである。さらに、インドネシアではオランダ軍を駆逐し、日本の支配下においた。アメリカの植民地であったフィリピンも攻略した日本軍は、主要敵国である米英蘭国のアジアにおける植民地をことごとく制覇し、西太平洋をほぼ全域支配下に置いたのである。このことは、明らかに植民地として搾取、奴隷化されていたアジア人に自立独立心を駆り立てた。日本政府はそれらの独立運動を支援し、日本軍は解放軍として各地で歓迎された。

この日本人による行動を著名なイギリスの歴史家アーノルド・トインビーは次のように評価している。

「第二次大戦において、日本人は日本のためというよりも、むしろ戦争によって利益を得た国々のために、偉大なる歴史を残したといわねばならない。その国々とは、日本の掲げた短命な理想であった大東亜共栄圏に含まれていた国々である。日本人が歴史上に残した業績の意義は、西洋人以外の人類の面前において、アジアとアフリカを支配してきた西洋人が、過去二百年の間に考えられていたような、不敗の半神でないことを明らかに示した点にある」⑭

アメリカはフィリピンを騙し、日本はインドネシアを助けた

1898年に始まった米西戦争では、アメリカはスペイン領のフィリピンの独立革命軍を支援

すると声明し、革命軍を利用しながらも共に戦いスペイン軍を破った。しかし、講和条約の時に至って、前言を翻しフィリピンの独立を認めず、米国領にした挙げ句、革命軍の撃滅を図ったのである。これがアメリカの実態だった。そこで、革命軍の支持者は日本の協力を切望した。大東亜戦争開始直後に、日本軍が米軍をフィリピンから駆逐すると、独立の気運は一層高まった。１９４３年５月には、時の東條英機首相がマニラに赴き、フィリピンの独立を約束し、その年の10月に日本の軍政が廃止され、独立が達成された。⑮

インドネシアの場合は、愚民政策を展開していたオランダの支配の下でも、前述の民族主義団体が結成されていて、１９２５年にはスカルノがインドネシア国民党を結成して党首になり、独立運動を起こしていたが、オランダの行政に厳しく弾圧されていた。１９４２年の初頭に日本軍がジャワ島に上陸し、９日間でオランダ軍を降伏させ、軍政を敷いた時には、インドネシア人はすべて日本軍に味方をした。日本の軍政では、防衛義勇軍（ＰＥＴＡ）が創設され、それによって３万８千人のエリート軍人が養成された。その中には、スハルトなどのその後の指導者が多く含まれていた。

スハルト政権の官房長官で、後に副首相になったアラムシャ中将もＰＥＴＡの一員であり、日本軍政について次のような報告書を残している。

「オランダ時代の３５０年間は、植民地特有の搾取と弾圧の連続であった。それは非常に過酷なもので、同じタイプのアメリカ、フランス、イギリス、ポルトガル、スペインの遠く及ぶ所ではない。……日本軍政時代の3年半については、オランダ、チャイナ、アメリカなど、戦勝者の学者らが痛烈な批判を下しているが、仮に日本の軍政に欠点があったとしても、たかが3年半である。オランダ時代の3世紀半と比べものにならない。日蘭を同じ質、同じ量と見て批判するには、根本的に間違っている。……日本軍が到来するや、たちまちにしてオランダの鉄鎖を断ち切ってくれた。インドネシア人が歓喜雀躍し、感謝感激したのは当然である。私は、日本軍の小さな欠点をあげつらう代わりに、大きい長所を挙げてみたい」としたうえで、日本人がオランダ人を打倒したことにより得た大きな長所として、白人に対するコンプレックスがなくなったこと、また将来大統領と副大統領になるべきスカルノとハッタを擁護した日本軍政やＰＥＴＡを創設して軍事訓練と武器の供与をしてくれたこと、日本の敗戦後も多数の有志将兵がインドネシアの独立戦争に参加してくれたこと、などを挙げている。⑯

１９４１年12月8日未明にマレー半島に上陸した日本軍は、英国軍の抵抗にあって悪戦苦闘するが、民衆の助力によって進撃し、シンガポールを翌年2月15日に陥落した。その戦闘を実感したマレー人は、「我々マレーシア人は長い間、イギリス人には何もかも劣るものだ、とても勝ち目はないと諦めていましたが、あの時、我々と同じアジア人である日本人が、我々の目の前でイギリス人を叩きのめしてくれたのを見て、たいへん自信がわきました。独立の願いが実現するのではないか」と語ったという。⑰

大東亜共栄圏構想という理想

大東亜共栄圏の構想は、１９３８年11月に近衛内閣が発表した「東亜新秩序」構想に起源をおく。この声明は支那事変の発生から1年余が経ち、日本軍が中国にかなり進出している状況の下に出されたもので、朝鮮と台湾を含む日本が満州と中国をも含む広大な地域を密接に提携する領域とすることを前提とした構想であった。その目的は、日満支が提携して、東亜（東アジア）における国際正義の確立をすること、共同して共産主義を排除すること、新文化を創造することであり、それによって東亜を安定し、世界の発展に寄与することであった。⑱

その考えは、大東亜戦争で日本が東南アジアに進出するにつれて圏域が拡大されていった。戦争が始まってほぼ2年が経った１９４３年11月に総理大臣東條英機は、「大東亜会議」を東京で開催し、下記の国家代表を招待した。

満州国　　　張景恵総理

中華民国　汪精衛（兆銘）院長
タイ　ワンワイタヤコーン殿下
フィリピン　ホセ・ペ・ラウレル大統領
ビルマ　ウー・バー・モウ首相
自由インド仮政府首班　チャンドラ・ボース

この時期には日本は、バー・モウを首班とするビルマ国と、ラウレルを大統領とするフィリピンの独立を承認していたので、彼らは正式の国家の代表として参加した。汪院長は日本の認める中国政府の代表であり、ボースは英国支配からのインド独立運動の指導者で、日本政府の支援を得ていた。

会議では東條首相が、「米英の世界制覇の野望が人類の災厄であり、世界の禍根であることにより、東亜が隷属化を余儀なくされている。そのために、戦争と同等の経済の断交を行い屈従を迫ったので、日本は自存自衛のために決起した」ことを伝えたうえで、大東亜における共存共栄の秩序は、「自己の繁栄のためには、不正、欺瞞、搾取をもあえて辞さない米英本位の旧秩序とは根本的に異なるもので、……大東亜各国はまさにその自主独立をば尊重しつつ、全体としては親和の関係を確立すべきもので、親和の関係は、相手方の自主独立を尊重し、他の繁栄によって自らも繁栄し、自他共にその本来の面目を発揮する所にのみ生ずる」と述べた。

この会議についてビルマのバー・モウは、「広いアジアそのものをひとつのものとしてとらえる思いに満たされていた。……われわれは、隔てられた人間としてではなく、すべての国民を包含した単一の歴史的家族として寄り集まっていた。こんなことはかつてなかったことだ」と回想録に記している。

大東亜会議に臨んだ各国首脳

二日目の11月6日に、この会議は「大東亜共栄宣言」を満場一致で採択して、終了した。その宣言は、大東亜共栄圏の各国が協力して、大東亜戦争を完遂し、大東亜を米英の桎梏《しっこく》から解放すること、自主独立を尊重しつつ民族の創造性を伸張し、提携して経済の発展を図る。また、人種差別を撤廃し、文化を交流して、世界の進展に貢献することが謳《うた》われた。⑲

インド代表のチャンドラ・ボースも「会議は強弁も恫喝もない、ひとつの家族パーティだった。……そして、大東亜における新しき諸国間の秩序建設の諸原則を確立した」と述べている。⑳

この会議はアジアの国々が、白人の支配から逸脱し、協力して相互の安全と発展のために連携して行くという理想の下に独立した、または、独立しようとしていたアジアの国々の参加によって行われたので、アジア人の共感を得ることができたのである。しかし、その連帯が日本を頂点とすることには、抵抗を感じた人々もいたに違いない。それにもかかわらず、白人の冷酷な搾取状態から解放されるという意味では、アジア人にとって極めて強い魅力のあるものであった。しかし、この構想は、日本の敗戦とともにあえなく消滅してしまったのである。

アメリカによる日本潰し

急速に力をつけて列強の仲間入りした日本に対して、まず警戒心を抱いたのがアメリカだった。日本は20世紀初頭にシベリアから満州、朝鮮に南下してくるロシアの拡張を警戒し、英国と同盟を結び、ロシアの南下を防止しようとした。さらには、アメリカはそれを嫌い、第一次世界大戦において日本が勝利国となり、れっきとした列強の仲間入りを果たした結果、日本に敵愾心《てきがいしん》を抱き始めたのである。アメリカが日本を仮想敵国として戦争を想定し、作戦を練り始めたのは（オレンジ計画）非公式には第一次世界大戦直後の1919年で、1924年には米軍の正式戦略の中に組み込まれていた。㉑

米国の日本に対する敵愾心は、日本がロシアを倒すほどの軍事力を持っていること、アメリカと同じく太平洋圏に進出を狙っていると考えられることなどにより高まっていったと考えられる。特に巨大市場である中国に関しては強力なライバル意識を持っていた。米国はさらに１９２１年のワシントン会議を通じて、日本の海軍力の削減を狙い、日本を孤立化させるために日英同盟の破棄を計画し、共に成功した。しかも、追い討ちをかけるごとく、遅れている中国への進出を保証するために、「９カ国条約」を唱え、機会均等などを要求したのである。㉒

このような、外国からの圧力を受けて、日本側では意見の対立が顕著になっていった。

実現したアジア植民地の独立

当時の日本の政治的決定は、議会制度の民主的な内閣によるものであったが、軍部の力も強く、隠然たる影響力を持っていた。しかも、天皇は大元帥として、軍部を統括する統帥権を内閣を通さずに発揮するべきであるという意見もあり、混乱があった。㉓

指導層の内部にもかなり異なった考えがあり、欧米の要求に従うことをよしとする文民政治家と、自国の権限を強く主張すべきだとする軍関係者とに大きく分かれていた。ただし、この区分は必ずしも明瞭なものではない。「東亜新秩序」を唱えた近衛文麿は、純然たる文民政治家であったが、日本は東アジアで指導的な立場を取るべきであるとした。その一方で、アメリカとの利害の衝突を外交交渉で解決しようとも試みてもいた。

しかし、対外的に見ると日本の外交政策には必ずしも一貫性がなく、かなりのアジアの人々を落胆させたことも事実である。１９０５年に日本が帝政ロシアを破った時には、アジア人が白人国家に打ち勝ったということで、アジア諸国の人々は日本の勝利を大歓迎した。大東亜戦争で日本がマレー半島に上陸して、英兵を降参させた時にも、インド人を含む現地の人々は狂喜した。フィリピンでもインドネシアでもビルマでも同じである。そして、ビルマとフィリピンには、独立を１９４３年に承認し、大東亜会議に招聘した。

しかし、インドネシアについてはスカルノが独立運動を展開して、日本軍はその運動を支援したにもかかわらず、彼は大東亜会議には招かれなかった。日本は石油資源確保のために、インドネシアを独立国とせずに、直轄領とする計画であったからである。マレー半島も同様である。㉔

この辺りをもう少し賢く当時の日本が為《な》していたならば、戦局は変わっていたかもしれないし、戦後の評価が日本を善とする内容に一変していた可能性は高い。しかし、それほどに当時の日本が生死の瀬戸際に立っていたことも認識する必要がある。

また、大東亜会議を開いたそのタイミングが問題であった。遅すぎたのである。赫々たる戦果を挙げていた１９４２年には、それらの国に対して独立を約束したり、大東亜会議を開催したりすることもなく、日本軍がガダルカナルで壊滅し、戦局が大きく暗転してきた１９４３年になって、大東亜共栄圏構想を大々的に発表したことに、疑念を持つ者もいたであろう。しかし、それを責めることは過酷であるというものだ。その時期までは日本国は西欧列強に対抗して、自国の独立を死守し、権益を維持することに全勢力を投入していたからである。その行為は、アジアの諸国の民族主義者に強い共感を持って受け入れられていた。

インドネシアの独立運動指導者、アリフィン・ベイは次のように言っている。

「日本軍に占領された国々にとって、第二次世界大戦とは、ある面では日本の軍事的南進という形をとり、他面では近代化した日本の精神的、技術的面との出会いであった。日本が戦争に負けて日本の軍隊が引き上げた後、アジア諸国に残っていたのはほかならぬ日本の精神的、技術的遺産であった。この遺産が第二次大戦後に新しく起こった東南アジアの民族独立運動にとって、どれだけ多くの貢献をしたかを認めなければならない」㉕

また、インドの弁護士会の長老、グラバイ・デサイは、１９４６年に挨拶において次のように述べた。

「この度の日本の敗戦は真にいたましく、心から同情申し上げる。しかし、一旦の勝負の如きは必ずしも失望落胆するに当たらない。殊に優秀な日本の国民においておやである。……インドは程なく独立する。その独立の契機を与えたのは日本である。インドの独立は日本のお陰で30年早まった。これはインドだけではない。インドネシア、ベトナムをはじめ東南アジア諸民族すべてである。インド4億の国民は深くこれを銘記している」㉖

日本国が懸命に努力して、西欧諸国からの圧制から解放されようと瀕死の重傷を負いながら戦ったことは、アジアの諸国においても植民政策からの脱却、解放を促し、意外なほど早期に独立を確保することができたのである。戦後の日本とアジアの関係について、詳しくは第7章で述べる。

○注

①例えば、朝鮮に対しては、日本はまずその独立を助け、後に条約によって併合した。朝鮮は植民地ではなく、日本の一部となったのである。例えば、呉（2000）第九・十章参照

②この時期の日本の発展の歴史は多くの歴史書に見られる。例えば、Gibney（1992）,Chapter3 & 4

③呉（2000）第二章参照

④呉（2000）第七章、海野（1995）第三章参照

⑤呉（2000）第九章、海野（1995）第六章参照

⑥アメリカ人のヘレン・ミアーズ（2005）は、「法と秩序」などは「日本は、力の強い国が特権を拡大するための国際システムのテクニックであることを、欧米列強の行動から学んだのだ」と述べてる。

⑦崔（2004）第二章、Cumings（1997）Chapter3 参照

⑧黄（2006）p.10

⑨崔（2004）第二章

⑩金（2003）pp.211－212

⑪黄（2005）第一章参照

⑫黄（2005）参照

⑬ASEANセンター（1988）p.319

⑭ASEANセンター（1988）p.312

⑮ASEANセンター（1988）第一章

⑯ASEANセンター（1988）第二章、pp.74－75

⑰ASEANセンター（1988）p.132

⑱ www.wikipedia.org.

⑲ 深田（2004）pp.134－136

⑳ 深田（2004）第一章

㉑ 西尾（1999）pp.550－551

㉒ Iriye（1987）Goldstein & Mauer（1994）参照

㉓ 半藤（2004）pp.40－44

㉔ 深田（2004）第八章

㉕ ＡＳＥＡＮセンター（1988）p.314

㉖ ＡＳＥＡＮセンター（1988）p.316

第3章

日本は人種差別撤廃の先駆者

白人による植民地化

大東亜戦争は、人種間の戦いであったと考える人もいる。事実、日本は白人国家を相手に戦い、その結果敗れたのである。これを単に日本の侵略行為と解釈するのは、あまりにも単純であるが、単に人種間の戦いであるとするのも、正当ではないかもしれない。しかし、人種問題がこの戦争に付きまとっていたことは、否定できない。この章では、この戦争に人種問題がどのように関係していたかを検討する。

大東亜戦争は西欧の大航海時代の各国の勢力争いの帰着とも考えられる。近代的武器を持たないのはアジア、アフリカ、南米の地域であり、かつてない規模の権力の剥奪と住民の奴隷化を含む植民地支配の対象とされたのであった。それは、非白人は人間でありながら家畜同然の奴隷として300余年もの間、酷使され、搾取され続けられたのである。大東亜戦争前の世界地図を見れば、アジア、アフリカはイギリス、フランス、オランダ、ベルギー、ドイツなどの色で塗られ、アジアでは日本とタイだけが独自の国であったことが明白であった。中国は西欧の列強の領土ではなかったが、多数の列強が権益を獲得していて、独立国家とは言えない状況であった。

最初に人種差別撤廃を訴えた日本

第一次世界大戦においては、日本は日英同盟（１９０２～23年）を結んでいる関係で、ドイツに１９１４年に宣戦を布告し、同時に山東省膠州湾のドイツ領をイギリス軍と共に襲撃、陥落させ占領した。ドイツ軍捕虜４５００名を終戦まで5年間、紳士的に日本（徳島県坂東町）で拘留した。それは「バルトの奇跡」としてドイツでも語り継がれた。日本軍の出動としては海軍艦船が主役で、マルタにおける英軍の後方支援として艦隊の擁護に任じた。また、ドイツ領南洋諸島の要塞制圧に出動し、海上封鎖や情報提供に活躍した。終戦1年前にアメリカが連合軍に参戦して、膠着状態で戦っていた5年間に終止符が打たれた。

この間の戦死者は連合軍の方が多く、負けている戦争といわれたが、ドイツ水兵による反乱から端を発してドイツ革命運動（帝政ドイツが崩壊しヴァイマル共和制が誕生した）が起こり、カイザー・ヴィルヘルムⅡ世が退位した混乱状態の中で、米国大統領ウィルソンからの休戦勧告（１９１８年11月）を受け入れ終戦となった。

この戦争の最大の特徴は西欧人同士の戦いで、利権をむさぼる帝国主義国家の争いであった。そして、この戦争では飛行機と戦車が世界で初めて登場し、近代型戦争となった。主戦場がヨーロッパのど真ん中だったことだ。オーストリアから大西洋まで土を掘って貫く塹壕構築。まさに地下のモグラ戦であり、有毒ガスで痙攣、窒息させる殺傷兵器が頻繁に使用された。この戦いが戦死者だけで900万人と多いのはそのためである。①

1919年1月、戦勝国だけのパリ講和会議（別名ベルサイユ会議）が開かれ、日本も戦勝国の一員として牧野伸顕代表が出席。約6カ月の長丁場の会議の中、同盟国の敗戦国処理として軍備の縮小、賠償金の賦課が決められた。併せて新規に安全保障の体制づくりとして、「国際連盟」新設の提案が米国ウィルソン大統領からあり、その規約制定に日本政府も関わることになった。

熟慮のうえ日本が提示した一項は「人種差別撤廃事項」を盛り込むことであった。この提案には英国、米国、豪州の反対が根強く、採択時も11対5の多数決で通過したものの、休戦の立役者で議長のウィルソン大統領は、このような重要な問題は全員が賛成しなければ認められないと、今まで多数決で決めていたやり方を覆し、信じられないことに議長裁断で日本の提案した「人種平等案」は否決されたのだった。②

一方、日本は山東省の利権とサイパン島などミクロネシア諸島信託統治の栄を得た。後で参戦した米国と中国は具体的に勝者の代価は得られなかった。このことが米国民に影響したのか、国際連盟創設の提案者である米国は、批准にあたり本国議会で否決され、結局は米国抜きの連盟の発足となった。

　このとき日本が提示した人種差別撤廃決議は、人類の人種差別撤廃の動きの中で極めて注目すべき出来事である。これが世界的な場で公になされた人種差別撤廃提案の最初のものである。それも大多数の国が承認したにもかかわらず、厳然と人種差別をしていた国、アメリカの大統領の裁定で国際連盟の定款に入らなかったのである。この提案はアジア、アフリカの植民地諸国の注目を集めるための外交的なアピールとしては大いに効果があったことは間違いなかった。しかし、「平等案」否決の裏には、当時、米大陸に渡った日本人移民に対する偏見、差別、排斥が、日露戦争後さらに激しさを増してきていたという背景もあったのである。

　一方、資本主義帝国アメリカとしては、唯一残された中国市場に食指が動かないはずはない。米国としては日本の中国進出より一歩前に出たい。この思いを具体的に表示したのが、１９２３年の日英同盟破棄への肩入れに始まり、１９２４年の対日本への戦争計画「オレンジ計画」の採決であり、同年の日本人移民禁止令であった。

　このように日本を徐々に締め付けていく裏には、大きな中国マーケットの前に立ちはだかる日本が煙たい存在となっていたということがある。世界大戦で好景気に膨らんだ米国はバブルが弾けて、１９２９年に大恐慌が発生した。米国の経済崩壊を尻目に、１９３２年に日本政府の音頭とりで建国した「満州国」の承認に米国はクレームをつけた。

その後アメリカは、中国が共産党であろうが、国民党であろうが中国市場欲しさに莫大な資金と武器援助を行っていった。米国内では中国人を〝Chink《チンク》〟と侮蔑しながら、大きな市場での金儲けには貪欲で、やがて米国は第一次大戦以来、外交面の覇権主義に意欲を燃やし、イギリスに取って代わるような覇権大国になっていったのである。

人種差別された日本人

20世紀初頭の日本は近代化の最中で、産業構造も未発達、人口過剰、低生産性に悩んでいた。そこで政府は外国へ移民させることを一つの対策と考え、米国やブラジルなどに送り出すことにした。20世紀の最初の10年間に、アメリカに13万人の日本人を送り出したのである。しかし、そこで問題が起こったのである。米国はヨーロッパの諸国から移民を受け入れていたのであるが、東洋人は別であった。

すでに、1882年には中国人の移民は禁止されていた。大陸横断鉄道の建設時期には彼らは歓迎されたが、それが終了すると彼らの生活習慣があまりにもヨーロッパ系の人と異なることにより、それ以後の移民は法律によって禁止された。その後に入ってきた日本人は異なっていた。彼らは低賃金でよく働いた。粗末な施設にも我慢して居住した。しかし、彼らは非白人としてはあまりにも優秀で、アイルランドなどの後発白人の仕事を奪うこと、農業において着実に成功してきていることが脅威と感じられた。しかも、日本人は独自の文化を守り、他の住民との交流が少ないことから特別視されるようになった。特に、日本人が集中していたサンフランシスコでは差別感が強く、１９０６年の地震の後では、校舎が地震によってかなりの被害を受けたことを理由として、日本人生徒はすべて特定の学校に移転することを強要された。③

明白な人種差別である。この問題は日米両国間の問題となり解決策が講じられたが、最終的には１９２４年に米国が「排日移民法」を制定することによって決着がなされた。すなわち、人種差別を制度化することによって「解決」されたのである。

大東亜共栄圏構想との関係

第一次世界大戦が終了すると、米国は英国と近づき、オランダをも味方に入れて、日本に対抗してきた。彼らは中国の政府が未発達で、外部からの介入が容易である事に目をつけ、中国にも近づいた。中国を対等な国として協調しようというのではなく、操作することによってかなりの便益が得られると判断したからである。米国や英国が、中国を人種の差を越えて友好国であると考えていたのではなく、一段レベルの低い国で容易に操作できると考えて友好関係を保ったのである。
20世紀初頭において日本は、一度はロシアを破ったものの、白人国家による包囲陣の真っ只中にいた。当時は非白人国家で列強の仲間に入っていたのは日本だけであった。ベルサイユ会議で列強の一員として参加した日本ではあったが、その後ワシントン会議では、米英の圧力によって不平等な主戦艦比率を承認させられ、アメリカの都合にあわせた中国に関する「9カ国条約」を認めさせられた。さらに、ロンドン会議においても、主戦艦以外の軍艦について同様な低比率を押し付けられた。

このように理不尽な不平等な条件を米英が平然として押し付けてきたのは、日本が新興国家で国力が弱いと見縊《みくび》っていたからである。さらに非白人国家であるからこれ以上強くさせたくないという強い意識も働いていたであろう。また、日本国の国際交渉能力に現実的な評価をしていたからかもしれない。いずれにせよ、1920年代を通じて、新興国日本は先進の列強国の厳しい試練に見舞われていたのである。

1929年に世界は米国発の大恐慌に襲われた。それによって失業者は増え、所得は低下し、恐慌の波は世界中に波及。各国は、所得の流出を防ぐために輸入を制限した。輸入が制限されれば、当然輸出が減退する。それぞれの列強は、自分の勢力圏の中だけで貿易をするアウタルキーの状態になっていった。

しかし、大英帝国がそれでも比較的安泰であったのは、その中にインド、ビルマ、マレー、南アフリカ連邦、オーストラリアなどの性格の異なった植民地を持っていたからである。アメリカは、ハワイやフィリピンが圏内にあり、中南米との関係も保持できていたし、オランダにはインドネシアなどが補完的物資を供給していた。

しかし、植民地を持たない、資源付与にも恵まれない日本は、アウタルキーのもとでは繁栄できない。日本は近代国家の創設の頃から貿易立国である。そこで、併合していた朝鮮半島からさらに北上して、広大な満州の権益をさらに強化するように動いたのであった。当時、満州は「日本の生命線」という言葉が使われたが、それは不自由な貿易体制の下では、必要不可欠な政策であった。④

この時期に唱えられた日本の外交政策は、１９３８年に発表された近衛文麿の「大東亜新秩序」であった。それが後に「大東亜共栄圏」となっていったのであるが、その意図は、アジア人が協力し、団結してアジア人のための利益を守るために、西欧からの圧力を排除して豊かな共栄圏を作っていこうとするものであった。かなり人種的な要素の強いスローガンであり、なおかつ、この考えには二つの要素が含まれていた。

ひとつは、世界で支配的な立場にある白人西欧国家群に対抗して、独自の国家群を育成していこうとする人種的対立と競争心であり、もうひとつはその新しい国家群の中における日本の指導的立場である。これに関しては、東亜の中で国家として最も強力であった日本が旗を振る役割にあることは自明の理であると思われていた。しかしこのことは、日本人が他のアジア人よりも優越しているという意識を背景に、日本が指導してアジア人のためにより好ましい環境を作り上げていき、他のアジア人はその指導に従って努力し、協力してくれという意味合いがあり、ある種の差別意識が潜在していたと考えることもできよう。

この関係が明白に現れたのが、前章で説明した東條首相が1943年11月に開催した「大東亜会議」であった。既に、1940年9月に締結された日独伊の三国同盟には、日本の指導による「大東亜」の「新秩序」建設が謳われ、そこには中国、満州のみならず、蘭印、仏印などの南方諸地域も含まれていた。さらに、1941年12月8日の宣戦の詔書には、「東亜永遠の平和を確立」することが、日本の国策の要であることが明示されていた。しかも、当時の指導的政治思想家であった大川周明は、戦争開始後まもない12月23日にラジオ放送でイギリスの植民地政策を厳しく批判し、イギリス人著者の文献を引用して次のように述べている。

「予は誓って言う。大英帝国において、インド農民以上に悲惨なるものはない。彼らはいっさいを搾り取られてただ骨のみを残している」。さらに、アメリカの国務長官ブライアンのインド視察の印象を引用して、「何人も殖民政策を弁護するためにインドを引用するなかれ。助けなき人民の上に無責任なる権力をふるうに当たりて、智慧と正義とをもってすることのいかに人間として不可能事なるかを、イギリス人はガンジス河・インダス河の流域において立証している。英人はある利益をインドに与えたが、これに対して無法なる代償を強奪した。生きたる者に平和をもたらすと称えながら、幾千万の生霊を死者の平和に誘った。争闘に苦しむ民衆に秩序を与えると称えながら、合法的略奪によって国を極度の貧困に陥れた。略奪というは過言かも知れない。ただし、いかに言葉を飾るとも、現在の不当なる政府を浄めることは出来ない」⑤

大川周明は、明らかに白人国家のアジアにおける植民地政策に悲憤《ひふん》慷慨《こうがい》していたのである。

日本政府も、占領下の中国においても、東亜の新体制を作る必要があると繰り返し発言していたが、真珠湾攻撃直後に発表された北支那方面軍作成の「思想戦争に関する大綱」では、新しい戦争を「旧秩序と新秩序との戦い、亜細亜解放のための聖戦」と規定していた。⑥

当時の敵国からは、自国の繁栄を守ることだけで手一杯で、それで真珠湾を攻撃したのであると言われ続けているが、大東亜戦争をより広い観点から眺めると、日本国の歴史的な立場が明らかになる。日本は、当時世界を支配していた白人国家の横暴に喘いでいたアジア地域の人々を、その重圧から解放することを明確に意識しており、外交問題に対処しようとしていた。もちろん、そこにはアジア諸国と友好を保つことによって、資源不足に悩む日本の問題を軽減することが考えられていたことを否定するものではない。

大東亜戦争の残忍性

大東亜戦争が極めて残忍な戦争であったことには異論はないであろう。ヨーロッパにおける戦争を別にして、この太平洋側での戦争で、軍人と民間人を含めて日本人が240万人、米軍の兵士が10万人、命を失ったといわれている。中国軍の1937年から1945年にかけての日中戦争における死者数は、130万人とされているが、中国や東南アジアにおける民間人の死者数については信頼できる数値がない。特に中国における日中戦争による民間人を含む死者数は、年とともに増加してきていて、政治的な意図を感じないわけにはいかない。⑦

日本については、当時の人口の3％が死亡したことになる。米国軍人の戦死者の数はあまり多くはないと感じるかもしれないが、米国の朝鮮戦争における戦死者が3万4千人、ベトナム戦争で4万7千人、イラク戦争で4千5百人、アフガニスタンの戦争で今までに2千人であることと比べると、大東亜戦争の残忍性が明らかになる。

残忍性の根源には、人種問題があったと思われる。米国側は、日本を「裏切り者」、「邪悪な国民」と呼び、愛国心を駆り立てて戦意をあおった。この間の事情は、John W. Dower の『War without Mercy』に鮮明に描写されている。例えば欧米の出版物では、日本人を人間以下の動物とみなし、類人猿やモグラで表現したり、原始的で、子供っぽい、集団的行動を好む、情緒に欠陥がある人種であるとされていた。そして、日本軍が東南アジアに進撃し、迅速に多くの地域を占拠すると、彼らは、虐殺や自殺などの例を挙げて、日本人は手ごわいが軽蔑すべき人種であるとして、慈悲を与える対象ではなく、絶滅されるべきであるという意見が出てきた。

この挿絵は1942年１月にアメリカの大衆紙、パンチに掲載されたもので、日本軍を猿集団とみなしている。
出所：Dower（1986）p.183

一方、日本側では、「鬼畜米英！」を合言葉として、米英人を蔑み、戦意を高揚した。⑧

この戦争の残忍性は、ガダルカ

日本側は米英を角のある鬼とみなし、桃太郎が東亜共栄圏樹立のために犬、雉、猿を引き連れて退治してるイメージに描く。出所：Dower（1986）p.198

ナルや硫黄島などでの日本軍の徹底的な抗戦や、沖縄での決死の守備体制において頂点に達した。日本側は、国民も己の生命や生活よりも、祖国の名誉のために戦い、日本軍人は捕虜になることを最上の恥辱と考え、天皇のためには命を捧げても悔い無しとしていたからである。戦争の後半に圧倒的な機械力と経済力で優位にたった米軍は、それでも精神力で戦う日本兵には大いに手こずった。双方ともに残忍性は未曾有の高度に達した。米軍兵士の死者は戦争の最後の13カ月間で大戦中の全死者の53％に達した。⑨

残忍性の極みは、１９４５年3月10日の東京大空襲と、それに続く8月の広島・長崎に対する原子爆弾の使用である。東京の空襲では民間人を相手に市内の住民を殲滅することを企んだ。まず、周囲を爆撃し、次にその内部を焼夷弾で消滅させる方法である。

原子爆弾は一発で周辺一帯の人々を殺戮できる兵器である。残虐性そのものである。ドイツが原子爆弾が完成する前に降伏したという事情もあるが、原子爆弾をアメリカ軍はヨーロッパでは使用しなかった。原子爆弾の日本への使用については色々な説があるが、その後に起こるであろう米国軍人１００万人の人命の損失を軽減するために、それを使用したとする米国の正式の立場から、ソ連に占領後の権限を与えないために、アメリカが日本を降伏させたことを明確にする手段であったとするものなどがある。⑩

いずれにせよ、それが極めて残忍な戦闘手段であったことには異論がなく、そこに人種的な要因が入っていたと考えることできる。

大東亜戦争がアジア・アフリカ諸国を救った

第一次世界大戦の場合は、ドイツ連盟国対フランス連合国の衝突で、先のナポレオン戦争の大型化であった。領土陣地の取りあいで、帝国同士のぶつかり合いであった。西欧の戦争に毛色の違った日本が日英同盟の好《よしみ》で、連合国に参加した。緒戦において中国のドイツ租借地・青島要塞に陸軍を投入して陥落させ、海軍はドイツの所有する太平洋・南太平洋のすべての島嶼を完全占領した。ヨーロッパにおける戦闘が長引くなか、１９１７年には海軍は第二特務艦隊を地中海に派遣して味方輸送船の護送や敵潜水艦の雷撃、被弾船舶の救助などにおいて著しい功績を上げ、その貢献度は高く評価された。

この大戦の結果、ひとつ確かなことは、大戦中に崩壊したロシア帝国を含め、ドイツ帝国が滅び、それらの帝国に蹂躙《じゅうりん》されていた弱小の国々が圧制から解放されたことは大きな成果であった。ポーランド、リトアニア、フィンランドなど多くの国が独立した。残された大きな問題は連合国がアジア、アフリカに持つ殖民地の国および人々の処遇であったが、その問題は保留され、放置されたのである。

非白人の日本が近代に入って、大東亜戦争または太平洋戦争といわれるものと日露戦争で合わせて5年間、極めて短期であるが白人と戦ってきた史実は、あの戦争は侵略だ、この戦争は解放だ、悪だ善だと時の支配者はご都合主義で解釈するが、人種間の戦争であったことは紛うことなき事実である。

この5年、一非白人民族の白人への挑戦は、隷属して耐え忍んでいくという選択肢もあったが、風雲急を告げる明治維新時の選択と同様に、挑む列強にまともに反撃するという「戦争準備体制」に舵取りをした。当時、この体制に将来の国運をかけたのは日本民族だけであった。

大国ロシアが欲する朝鮮半島獲得の阻止に成功した後に、第一次世界大戦後、大国となったアメリカが欲する中国利権獲得の阻止に、日本は話し合いの外交戦術では歯が立たず、お決まりの戦争で勝負することになったのである。

ここで銘記すべきは、大東亜戦争で敗れたとはいえこの戦いと日露戦争で、日本が白人大国に示した「勇猛果敢さ」「資源の少ない小国の知恵と工夫」「精神力による可能性の追求」は、人間の自由と解放を求めて独立国を創る努力をしていた世界中の植民地の人々に大きな影響力を与えたことに間違いない。

日本は非白人たちに勇気と力の芽を与えたのである。その証拠に、日本が大東亜戦争時に制圧した欧米の植民地は、終戦から10年以内にほとんどが独立国となった。第７章参照。何しろ350年間続いていた主人は白人で、非白人種は従僕《じゅうぼく》の関係という主従制度の中に埋没していたアジア・アフリカにおける事実を見過ごしてはならない。正にそれらの植民地が独立すること自体が奇跡的な現象であったのである。

戦後独立した国のひとつ、セイロン（今のスリランカ）の代表、ジャヤワルダナ蔵相がサンフランシスコ講和会議で演説する下りがある。

「私は、前大戦中の色々なできごとを思い出せるが、当時、アジア共栄のスローガンは、従属諸民族に強く訴えるものがあり、ビルマ、インド、インドネシアの指導者たちの中には、最愛の祖国が解放されることを希望して、日本に協力した者が居たのである」と演説した。⑪

それから半世紀以上たった現在、黄色のアジア人、黒色のアフリカ人、公民権実施を願望したアメリカ黒人たちは、もう白人に対するトラウマから脱却したのである。

公民権運動の広がり

1945年代後半から50年代にかけてのアジア・アフリカ諸国の独立は、人種差別を依然として維持してきたアメリカ合衆国にも影響を与えることになった。かつては奴隷貿易と先住民虐殺で人類歴史上に汚点を残した「民主主義国家アメリカ」は、既に百年前の1862年に奴隷解放宣言をしたが、第二次世界大戦後に有色人解放の動きがあっても、南部を中心に白人による差別が続いていた。しかし、黒人解放運動の動きは日毎に強くなり、60年代にはキング牧師による公民権運動が共感をよび、広く抗議運動が行われるようになった。その結果、1964年、第36代米国大統領ジョンソンによって「公民権法」が法制化され、人種、宗教、性、出身国による公的な差別が禁止された。この運動は米国における人種差別を軽減することに大きな影響力を持つことになり、44年後の2008年には、黒人が米国の大統領に選出されるまでになった。

ここで、まとめておこう。第一次大戦後の１９１９年のパリ講和会議で日本が世界の列強を相手に、人種差別の撤廃を主張したのである。それに対する賛成国は多数であったが、議長の米国大統領の判断でその主張は、国際連盟の基本方針とはならなかった。

しかし、第二次大戦中に、日本はアジア諸国の独立を支援し、大東亜共栄圏を主張し、日本を含めての有色人種の権利の拡大と自立独立を標榜して戦ったのである。

このような日本国の勇気と精神力は、多くの植民地において圧迫されていた人々に勇気を与え、宗主国の戦争による疲弊とともに、独立の機会を与えることになったのである。

この動きは､欧米諸国にも影響を与え､それらの国の内部でも人種差別は徐々に撤廃されていった。１９５５年ころから激化してきた米国におけるキング牧師などによる黒人のための市民権運動も、これらの植民地の独立運動と無関係ではない。２００９年にアフリカ系のオバマ氏がアメリカ合衆国の大統領になったことに対して、日本が直接に貢献したとするのは過大な主張であるかもしれないが、そのような動きを日本の過去の行動が推進する力を与えたことは誇りとするべきであろう。

○注

①www.wikipedia.org　第一次大戦の詳細
②藤岡信勝・自由主義史観研究会（2005）p.35
③飯野（2000）第一章参照
④この間の事情についてはIkeda（2008）に詳しい
⑤佐藤（2006）pp.185−187
⑥ソーン（2005）p.156
⑦Dower（1986）pp.295−301
⑧Dower（1986）p.9
⑨Dower（1987）p.300
⑩例えばBess（2006）,Chapter10参照
⑪佐藤（2005）pp.228−229

第4章

ルーズベルト大統領が日本を挑発

真珠湾攻撃も彼の策のなか

ルーズベルトの陰謀説は、戦時中から噂されていたが、戦後の占領軍の言論統制下の日本では話題にすることもできなかった。米国でもこの「偉大な指導者」を、真珠湾における2千名の米軍兵士を見殺しにした罪人とすることは控えられ、正当派歴史学者もこの陰謀論を支持することはなかった。当時の歴史学の重鎮チャールズ・ベアードの著書は見捨てられたのである。①

開戦から80年近くが経ち、当時「極秘」とされていた書類が次第に公開され、コンピューター技術の進展によって暗号が解読され、ソ連の崩壊に当たって内部文書が一時的に公開されるなどのことが起こり、当時の事情がより鮮明に理解できるようになってきた。1966年の米国の情報公開法もこの進展に拍車をかけた。今では、当時知られていなかった事実が数多く図書やインターネット上で公開されている。この章では、これらの新しい情報を用いて、このルーズベルト陰謀説をさらに先鋭化していく。

歴史修正主義について

太平洋戦争は、日本で大東亜戦争と言われていたが、1941年に始まり1945年に終了した。この戦争は勝者である連合軍、特に米国によって、日本国は「侵略国家」であったと判定された。しかし、人種差別などに捉われない知識人はそのような宣伝には影響を受けないであろう。「歴史」というものは、視点によって異なってくるものであり、また時間の経過によって変化してくるものである。

歴史が修正されるべき理由は数多い。政府などが非公開としていた情報が、ある時点で公開されることがある。米国では通常25年であるが、行政府が国家の安全性を考慮して、より長期間非公開となることもある。１９８０年代にはコミンテルンと米国内のソ連の協力者との間の暗号通信がコンピューターによって解読されるようになり、これは「ヴェノナ」の名前で知られるようになったが、太平洋戦争開始前後のソ連の政策やスパイの活動の状況がかなり明らかになった。従って、歴史的情報は常に新しく供給されてきているので、高等学校の時に習った「歴史」が永遠に正しいと考える方が誤っているのである。

アメリカでは１９６６年に情報公開法が制定され、秘密文書やほかの制約条件に該当するものを例外として、一般からの要請に従って、政府は政府文書を公開しなければならないことになった。秘密文書でも通常50年たてば公開されるので、１９９０年代には、開戦当時の情報がかなり公開された。しかも、１９９１年のソ連邦の崩壊によって、ソ連の１９３０年代や１９４０年代の極秘情報が西側の研究者に見られるようになった。この時期は長く続かなかったが、この期間の情報公開で、今まで不明とされていた外交上の秘密が知られるようになった。さらに「ヴェノナ」によって、1940年代のソ連スパイのアメリカにおける活動がかなり明るみに出てきて、それは日米関係にも深く関係するものであった。以下に述べるルーズベルト大統領の行動の記述はそれらの新しく得られた情報によるところが大きい。

ルーズベルトの挑発行為の背景

ルーズベルトは1929年の世界的な経済の大恐慌の後に大統領になったのであるが、大恐慌の爪あとは深刻で経済の回復は遅々として進まなかった。そのために当時列強と称された米英仏蘭などの大国は、それぞれの植民地を含む自国の経済圏内での自給自足経済体制に移行し、自国経済圏外からの輸入を制限した。輸出に依存し、天然資源に乏しい日本国の経済は大きな打撃を受け、日本政府は自国の経済圏の拡張を考えざるを得なかった。日本の満州への進出にはこのような経済的な要因があった。

1931年に満州事変が起こり、満州が日本軍の積極的な支援の下に独立国家になるにつれ、米国における反日感情は高まっていった。それに反して、中国に対しては極度に友好的な意見が支配的であった。それに輪を掛けたのが、米国で教育を受け、外交能力に優れた蒋介石夫人の宋美齢であった。彼女はラジオや新聞、雑誌を通じて米国民に訴え、アメリカの協力・支援を獲得することに成功した。また、蒋介石については、歴史が始まって以来独裁政権が続いた中国を、初めて民主化させようとして勇敢に戦っている戦士であるとして売り込むことにも成功したのである。

１９３９年にヨーロッパでの第二次世界大戦が起こった。フランスはすぐに攻略され、英国は空爆を受けたことにより、フランスとイギリスは、アメリカのルーズベルト大統領に支援を求めた。しかし、当時のアメリカ国民の大多数は、外国の戦争に関与することを嫌う孤立主義を信奉していた。１９４０年には、第三期の大統領職を狙うフランクリン・ルーズベルトが選挙運動をしていたが、国民感情を鑑みて、選挙演説では「米国はヨーロッパの戦争には関与しない」と約束したのであるが、「米国自身が攻撃されたときは、別である」という例外条件を明示することも忘れなかった。その時すでに、彼は米国が攻撃されるであろうことを充分に予想していたと言える。

ソ連邦は、当時はスターリンの支配下にあり、世界各国に共産主義政権の設立に努力をしていた。そして、中国に中国共産党を設立し、この党の拡大と強化を積極的に支援していた。そして、中国南部に勢力を持つ蒋介石政権と戦闘を繰り広げていた。スターリンの支配するコミンテルンは、世界の列強の中にスパイ網を築き、米国政府や日本政府内にもかなりの工作員・協力者を持っていた。彼の考えの中には、共産党の伸張のためには、資本主義国同士を戦わせることが一つの有効な戦術であるとする考えがあった。②

ルーズベルトの外交政策

１９３３年に大統領になったルーズベルトは、ソ連の独裁的な社会主義体制には不思議と寛容であった。東アジアにおいては、満州事変の発生から１９３３年の満州国独立に積極的にかかわった日本国に対して、米国の主張する「門戸開放」「機会均等」の方針に違反する行為であると考え、警戒の念を持って注目していた。さらに、蒋介石夫人の宋美齢による米国における新聞・ラジオ・雑誌記事などによる広報活動の影響力や、その日本軍に抵抗していた蒋介石の国民党軍に期待を寄せていた。しかし実情は、米国外交官などが報告していたように、「９カ国条約」に違反したのは主に当の中国政府であったのであるが、米国政府首脳部はそのようには解釈をしていなかった。③

当時、外交における大統領の最大の関心事は、ヨーロッパの動きであった。１９３９年からのドイツの快進撃によって苦境に陥ったフランスとイギリスを支援することが最重要課題であった。日中戦争が始まった３カ月後の１９３７年10月に、大統領は「隔離演説」を行い、世界の独裁政権は「隔離」されるべきだと説いた。しかし、どの国が独裁政権であるかは、明らかにしなかった。

１９４０年初頭において、大統領が考えたことは、以下の事項である。

（１）いかにして米国はヨーロッパの戦争に参加するか。

（２）いかにすれば、戦争を嫌っている米国民の心情を転換できるか。

（３）いかにすれば、戦況上不利な状況にある中国の蒋介石政権を勝利に導けるか。

そこで、大統領はいくつかの大胆な意思決定をするのである。第一は、米国における武器の増産であり、第二は、米国海軍の強化であり、特に太平洋における海軍の強化である。第三は、日本との戦争に備えて、日本語ので

米国第32代大統領ルーズベルト

きる米国人を養成することである。第四は、蒋介石政権に米国の空軍を貸与して、国民党の軍隊を強化することである。第五は、その隠れた米国空軍に日本の産業都市を爆撃させることである。これらの決定は、1940年の夏までになされ、ある部分は、実施され、ある部分は実施の準備中であった。それらの動きを最新の著作から見てみる。

一．武器増産体制の確立

フランスとイギリスからの武器提供の要請を受けて、1940年の初めには大統領は支援を決意した。その間の事情は、2012年に刊行されたアーサー・ハーマンの『自由の鉄工所』(Freedom's Forge) に詳述されている。大統領はそれを公的な制度を通して行うのではなく、あくまでも大統領の私的な組織を用いて、一般には知られないようにして開始した。すなわち、同年5月28日に、製造業に豊かな経験を持つ産業界の指導者を秘密裏にホワイトハウスに招致し、協力を依頼した。そのうちの一人は、ゼネラル・モーターズ社の社長、ビル・クヌドセンであった。

大統領は、武器の増産体制を早急に整える必要があることを説き、協力を要請した。これらの社長は大統領の要請を受け、社長職を退き年俸1ドルでコンサルタントとして奉仕することを承諾した。社長転じてコンサルタントとなった彼らは、５カ月以内に米国内の主要な製造業社と９２０件の契約を成立させ、陸軍には約30億ドル、海軍には60億ドル相当の業務を与えることに成功した。それらの会社は、爆撃機、戦車、機関銃、高射砲などの製造に励み、そのうちのいくらかは、英国や仏国に供与された。しかし多くは、自国の軍隊に納められた。それはまさに、ルーズベルトが、米国は外国の戦争には関与しないとして、選挙運動をしていた最中のことである。

二．米国海軍の増強

ルーズベルト大統領は、１９３２年の初当選以来、外交については中立、非干渉主義を貫いてきた。しかし、１９３７年10月には有名な「隔離演説」をして以来、外国との戦争を予期したのであろう。海軍の予算の増大を要求した。④

その主力になる海軍艦隊は、当時大西洋を中心とした合衆国艦隊であった。大統領は１９４０年の選挙戦の最中にそれを大西洋艦隊と太平洋艦隊に分離・再編することを決定し、１９４１年２月１日付で発効させた。後者の司令部はハワイ、オアフ島真珠湾に設置された。その再編のために50億ドルの予算が計上されている。⑤

明らかにアジア・太平洋における戦闘を想定しての動きである。

三．日本語学校の設立

太平洋戦争中に、日本兵の捕虜を尋問する目的で秘密裏にカリフォルニア州サンフランシスコ郊外に設置された捕虜収容所があった。この収容所について書かれた『トレイシー』（２０１０年、中田整一著）の中に、米国政府が密かに戦争開始前から、日本語に堪能なアメリカ人を養成し始めたことが記されている。

日本との関係が懸念されはじめた１９４０年の初めころに、日本との関係が悪化すれば日本語に堪能なアメリカ人が必要になると考えたのである。米国海軍は日本語学校の創設を計画し、直ちに全米民間人から受講生を募集した。応募者６００人の中から56人を採用し、海軍日本語学校の学生とした。これらは皆、米国で生まれた大学卒業以上の学歴を持つ民間人で、年齢は20歳から35歳、しかも秘密厳守の観点から全員が白人であった。１９４１年6月に海軍日本語学校はカリフォルニア大学バークレー校とハーバード大学で開校された。彼らは海軍職員にもかかわらず平服を着用し、学校の存在は秘密にされた。

一方、陸軍は、その情報部が１９４１年11月にサンフランシスコのプレシディオに秘密日本語学校を設立した。第一期生は60人で、そのうち58人が日系アメリカ人であった。⑥

陸海軍の両方の日本語学校が、真珠湾攻撃の前であったことにも注目すべきである。

四．中国国民党への寛容な支援

アメリカ政府が蒋介石の率いる国民党政権に大規模な経済的な支援を与えたことはよく知られている。２００９年に出版されたハンナ・パクラの『最後の皇后』（the Last Empress）は、その関係において、宋美齢がどのような役割を果たしたかを詳細に記述している。彼女は米国の名門女子大学ウェルズリー大学の卒業で、上海の富豪の家庭に生まれ、キリスト教徒で、アメリカに多くの友人を持っていた。蒋介石と結婚した後は、その政権の権力の拡大とそれへの支援を求めて、多大な活躍をする。彼女はウェルズリー同窓生を通じて、またラジオを通じて、新聞や雑誌に投稿することによって、日本軍の攻撃による中国の窮状を訴え、アメリカ人に協力を要請した。クレア・シェンノート（Claire L. Chennault）将軍を通してフライング・タイガー計画を要請したのも彼女である。そして、その結果1940年には、5千万ドルと2千5百万ドルの2件の融資をも受けたのである。

このような融資に対しては、その資金の使途が制限されるのが通常であるが、使途制限について蒋介石は、主権に対する侵害であるとして拒否した結果、制約無しの資金供与となった。従って、その資金は国民党軍のための武器、弾薬、食料などの購入や、人件費にも使われたであろうが、著者は、他の個人的な目的に使用されたことを示唆している。しかし、米国の蒋介石に対する寛容さは右記にとどまらず、真珠湾攻撃の後、米国が日本に宣戦布告をした直後にも、蒋介石に5億ドルの融資を供与している。1943年に蒋介石夫人・宋美齢は米国議会に招かれて演説し、大統領と直接に接して、更なる支援を要請すると共に、米国民の強い共感を得た。⑦

五．中国のためにフライング・タイガーを設置

アメリカ政府は蒋介石政権を支援して、武器、資金、資材などを重慶政府に供給し始めた。そのこと自体が、米国の中立性を阻害する行為であったにもかかわらず、加えて、大統領官邸が中心になって、米国の軍隊を中国に提供したのである。それはもちろん、真珠湾攻撃の起こる

１９４１年12月より以前のことであった。その正式名は、1st American Volunteer Group（AVG）であるが、フライング・タイガーという名称でよく知られている。このプロジェクトについてはかなりの著書が刊行されているが、ダニエル・フォードの『フライング・タイガース』が、総合的に詳しく纏めている。

ことの起こりは、日中戦争が１９３７年に始まり、蔣介石の国民党軍は西に追いやられ、重慶に本拠を移す。当初はソ連が国民党軍に軍用機を提供していたが、間もなく撤退したので、１９４０年の夏にそれまで蔣介石の空軍の顧問をしていた米国退官空軍将軍クレア・シェンノートを、宋美齢の指示でワシントンに送った。彼は米国大統領フランクリン・ルーズベルトに特別の空軍部隊の設置を要求したのに対して、大統領がそれを承認したことで始まる。資金は、米国政府の中国に対する融資で、１９３９年に緩和された中立法令を利用して、大統領官邸主導で準備が進められた。シェンノート将軍は、１９４０年の冬から１９４１年の初めにかけてワシントンで１００機のカーティスＰ―40戦闘機の購入と１００人のパイロット、さらに２００人の地上整備員や管理者を採用する手続きを監督した。パイロットは、海軍、海兵隊および空軍から採用された。その採用のためには、破格の報酬が約束されていた。当時の給料の２倍から３倍である。さらに、成功報酬も付加されていたのである。

１９４１年4月15日には大統領の秘密指示で、軍籍を離れ、ＡＶＧに参加することになった。正確には、Central Aircraft Manufacturing Company（ＣＡＭＣＯ）と称する民間企業への所属となった。彼らは、その年の夏から秋にかけてビルマに送られ、航空機とともに、ビルマ・ラングーン郊外の英国の空軍基地に駐留し、後に三小戦隊に別れ、そのうち二つは中国の南端に近い昆明に、残りがビルマのラングーンの近くの飛行場に駐屯することになった。援助物資の搬入路線、重慶に通じるビルマ道路を防衛するためである。すなわち、日本が真珠湾を攻撃する前に、アメリカの中国に対する防衛支援体制は整備されていたのである。⑧

六．ＦＤＲは日本爆撃計画を承認した

このフライング・タイガー・プロジェクトは、大統領官邸ホワイトハウス内の大統領補佐官、ロークリン・カリー博士が率いる特別空軍班によって計画され、驚くべき積極さで、日本攻撃の計画を立案した。この辺の事情は、アラン・アームストロング著の『先制攻撃』(Preemptive Strike)〔２００６年刊行〕に詳述されている。

１９４１年5月9日には爆撃機を含む航空機を中国に供与する趣旨のメモを大統領に提出した。

それに対して、大統領は５月15日にその計画を進めるよう回答した。カリー博士は５月12日には、軍参謀長ジョージ・マーシャル元帥に、中国に３５０機の戦闘機と１５０機の爆撃機を10月１日までに提供すること、日本の都市、神戸、京都、大阪、東京、横浜地域の軍需生産工場を爆撃することなどを含む、中国空軍補強計画を内容とするメモを提出した。この計画の目的は、インドシナにある日本の基地を攻撃し、インドシナや海南島への供給路を閉ざし、そこへの船舶や揚子江の日本船を破壊し、日本の工業地域を爆撃して、中国軍の攻撃を助けることであった。その後、この計画は、多少の機種の選択を変更して、軍の統合委員会に提出され、７月９日に統合委員会の統合計画委員会で承認された。

中国支援に秘かに配備された米国製戦闘機

７月18日に統合委員会の陸海軍の代表が大統領に極秘の手紙を送り、大統領にこの計画（Joint Board 355）の承認を求めた。７月23日に大統領はそれを承認し、その手紙の脇に「ＯＫです。しかし、軍としての派遣か、アタッシェの方法でやるかを検討すること」

として、ＦＤＲ（Franklin Delano Roosevelt）とサインした。すなわち、アメリカ人の操縦によるアメリカが提供した中国の爆撃機で、中国から日本の都市を爆撃することに対して許可が出されたのである。アタッシェの方法とは、外交使節に随行した者が情報収集や下働きをすることで、アメリカ人の参加をより曖昧にする目的があったと思われる。

この承認があって事態は進行し、軍用機とパイロットおよび地上整備員などは、ビルマのラングーン近くの基地に集合、11月21日には活動開始の予定であったが、爆撃機の搬入の遅れと、爆撃機のためのパイロットの採用の遅れから、予定日には行動準備が完成しなかった。そして、12月８日の日本の先制攻撃を迎えることになった。従って、仮装された米軍による先制攻撃は、実施されなかったのである。⑨

この航空部隊は、結局は12月８日のあと、米国が日本に宣戦布告をした後に戦闘に参加した。最初は、２週間後の12月20日である。日本が開戦直後の著しい戦果を挙げていた時期に、米国側で唯一戦果を挙げたのは、この航空隊くらいであった。そして、日米の戦争が公的になった数カ月後の１９４２年７月には、ＡＶＧは、シェンノート将軍を指揮官とする米国の正式な空軍部隊に編入されたのである。このような隠れた米国の軍隊が中国軍を支援していた事実は、米国はすでに日本に対して戦闘状態に入っていたことを示すものであり、１９４０年の終わりには、その方針が決められていたのである。

七．日本を瀬戸際に追い込む

２０００年に刊行されたロバート・スティネットの『真珠湾の真実』（Day of Deceit）と称する図書は、１９６６年に成立した米国情報公開法によって一般の人が閲覧することが可能になったことにより、政府のそれまでの秘密書類を検討することができて明らかになったルーズベルト大統領の戦争計画行為を暴いたものである。１９３９年にヨーロッパで戦争が起き、民主主義の英国やフランスが激しい攻撃を受けた。当時、ヨーロッパの戦争には関わりたくないという風潮がアメリカ人の中に強く根ざしていたため、大統領は苦難の日々を送っていた。１９４０年９月27日には日独伊の三国同盟が締結され、列強が二分されたことが明らかになった。その10日後、１９４０年10月７日、海軍の諜報局の極東係の少佐、アーサー・マッカラムからのメモが大統領に届けられた。

この男は、日本でキリスト教布教中の牧師の家庭で生まれ、育ち、日本文化を良く理解していたが、日本に反感を持っていた。彼は、米国諜報機関が傍受した日本の秘密外交通信をすべて読む立場にあり、日本の外交の動きを熟知していた。このメモは、腰の重いアメリカ人をドイツと戦っているイギリスの戦いに参加させるような状況を作り上げるための8項目の行動を提案したものであった。

1. 英国と協議して英国のアジア軍事基地、特にシンガポールを利用できるようにする。
2. 蘭国と協議し、蘭領東インド（インドネシア）の基地利用と物資供給を可能にする。
3. 中国の蒋介石政権を全力で支援する。
4. アジアの、フィリピンまたはシンガポールに、長距離航海用の巡洋艦隊を派遣する。
5. アジアに、潜水艦二艦隊を派遣する。
6. 太平洋艦隊の主力をハワイの周辺に配備する。
7. 蘭国に、日本からの石油を主体とした経済的支援の要求を拒否するように主張する。
8. 大英帝国と協調して、日本への石油の輸出を全面禁止する。

このメモは、海軍の諜報局長アンダーソン提督と、海軍の参謀ノックス将軍に送られ、大統領にも送られた。翌日からこの提言は着実に実行されることになった。そしてその結果、1941年には大統領の基本方針は、日本を瀬戸際に追い込み、挑発することであった。すなわち、日本に対する石油などの必要物資の輸出を英国やオランダと協力して全面停止することによって、日本を窮地に陥れ、連合国に対して先に攻撃するように仕掛けたのである。⑩
ルーズベルト大統領の日本牽制のための禁輸措置は段階的に行われ、１９４０年1月26日に、日米通商航海条約が破棄され、米国は一方的に輸出入の方針を変更できるようになった。それと同時に、対日航空機および部品の禁輸が発表された。そして、その10月には屑鉄・屑鋼の対日輸出が禁止され、１９４１年の8月1日には、米英蘭が一斉に対日石油の輸出を禁止する声明が出された。⑪
石油の供給を輸入に頼る日本にとって、それは死刑の宣告に等しかった。日本としては、それらの外国の圧力に屈して、江戸時代の経済体制に戻るか、外国の圧力を軍事力で排除するかの二者択一の道しか残っていなかった。すなわち、降伏か、戦争かの選択であった。

八．米国による在米日本資産の凍結

２００７年に出版されたエドワード・ミラー（Edward S. Miller）の『日本経済を殲滅せよ』(Bankrupting the Enemy）と称する図書がある。この図書も同様に、近年に公開された政府の資料を丁寧に閲覧して、戦争開始当時の米国内における政府要人の考えや行動を記録したものである。

日本は遠からず外貨や金の保有が尽きて、中国との戦争を停止しなければならないと、米国の経済学者達は考えていた。しかし、よく検討した結果、日本は米国内にかなりの資産を保有し、当分戦争を続けることができることが判明した。

そこで、1940年ころから米国大統領フランクリン・ルーズベルトは、敵国の在米資産の凍結など、間接的な方法で敵国の経済を弱体化し、それによって英国やフランスを助ける方法を考え始めた。

最初の動きは、1941年2月1日に提出されたアチソンのドイツとイタリアを対象にした資産凍結案であり、日本はそれに加えられることもあるというものであった。2月26日には、ルーズベルトは、事態の緊急性を財務長官、国務長官および法務長官にメモで伝えた。3月24日には、国務省が日本だけに対する資産の凍結と為替取引に関する凍結案を作成し、それを大統領令として公布することを提案した。それは、日本政府や企業は米国政府の許可なしには為替取引、金の輸出や換金など行えないとする強圧的なものであった。

そして、7月25日（金）の金融市場が閉鎖した後で、大統領令として公布された。日本だけを対象としたものである。理由としては、日本の在米資産や輸出が、アメリカの防衛と利益に反するように使われるからであるとされた。この資産凍結令が公布された数日後には、英国とオランダが同様な政令を公布した。このために、すでに出港した物資への支払いは許可されたが、新規の輸出は不可能となり、米国からのドルや金の持ち出しもできなくなった。著者ミラーは、この資産凍結令の方が、そのすぐ後に実施された石油輸出の全面禁止令よりも、より深刻な影響を日本経済に与えたと判断している。そして、それが、日本を戦争に駆り立てた大きな要因であったとしている。⑫

７月25日という日付に関して、それは日本がフランスのヴィシー政権と交渉していた日本軍の南仏印進出の合意ができた７月23日と関係付ける説もあるが、この計画はすでに３月には出来ていたものであり、大統領は、公布の時期を計算していたものと思われる。

九．ルーズベルトは近衛首相との会見を回避

すでによく知られていることであるが、１９４１年の８月に、日本の近衛文麿総理大臣はハワイかアラスカなどの米国領内で大統領と直々の会談をすることを要望した。しかし、ルーズベルト大統領は８月の記者会見の際には、その件について黙秘し、９月３日にホワイトハウスの報道

官は、記者の質問に対して、近衛首相からのそのような要請はなかったと答えた。しかし、記録によれば、首脳会談の要請は8月17日に日本の大使が直接に大統領に伝え、28日には首相の親書が大統領に渡されていた。それは日本側としては、最後の平和的交渉の試みであった。

この首脳会談が拒否されたことによって、近衛内閣は崩壊し、東條内閣がそれに代わって組織されたのである。それが、日本側からの最後の平和的解決の糸口であったが、ルーズベルトの策略によって、あえなく消え去ってしまった。会見をすれば戦争の回避にならざるを得ないというのが、ルーズベルトの読みであったと思われる。この間の状況は、米国の著名歴史家チャールズ・ベアードの『ルーズベルト大統領と1941年の戦争突入』に詳しく記されている。⑬

十. ハル・ノートの背後にソ連の陰謀があった

1930年代からソ連は、コミンテルンの組織の下に共産主義を世界に拡げるために主要国にスパイを配置し、情報を集めるとともに、政府の行動に影響を与えることを目的とした行動を取ってきていた。そのために、各国のスパイとモスクワを暗号通信で交信していた。米国にもスパイ網は敷かれ、政府の高官もかなり含まれていた。米国政府は、その交信を傍受していたが、当時の技術では暗号通信を解読するのは困難であった。
しかし、１９９０年代になると高速コンピューターを使用して、かなりの程度の解読が可能になった。その米国政府のソ連の暗号解読の事業をヴェノナ（VENONA）と言うが、その解読からソ連のスパイ活動の内容がかなり明らかになった。さらに、１９９１年のソ連崩壊後に、ソ連が保存していた秘密情報を欧米の学者に公開した時期があった。そこで得られた情報によって、さらにスパイの活動内容がより明瞭になった。ここで注目するのは、財務長官モーゲンソーの下で重要な仕事をしていたハーリー・デクスター・ホワイトの暗躍である。ローマ・スタインとブレンデルの共著、『ヴェノナの秘密』（The Venona Secrets）（２０００年刊）から、彼の活動を紹介する。

ホワイトは、モーゲンソーの下で次官補（Assistant Secretary）の職にあった。日中戦争が始まってから、ソ連は日本が米国と組んでソ連を攻撃するのではないかとの恐れを持ち続けていた。そこで、ソ連の諜報部の幹部は日米関係を悪化させる作戦を考え始めた。１９４１年４月にパブロフと称するソ連のアメリカ担当局次長は、以前にコミンテルンに協力したことのあるハリー・ホワイトを説得することに決めた。

彼は5月にワシントンに赴き、ホワイトとワシントンの某レストランで会い、ホワイトに米国の外交政策に多大な影響を与えるように依頼したうえで、特に次の二点を強調した。（1）日本は侵略から手を引き、中国と満州から軍隊を引き揚げること、（2）日本は大多数の兵器を米国に売却すること。

ホワイトはこの役割を承諾し、パブロフのメモをポケットに入れようとしたが、パブロフは、それを制して内容を記憶するように伝えた。ホワイトはその提案の趣旨を盛り込んだメモを作成し財務長官に提出したが、採択されなかった。

しかし、日米交渉が難局にさしかかった1941年の11月に、ホワイトの出番がやってきた。国務省は日本との関係を外交交渉によって解決し、戦争を回避しようとしていた。ホワイトは、日本がアメリカと戦闘状態に入らなければ、ソ連を攻撃する可能性が高くなることを承知していた。西においてドイツと戦闘状態にあるのに、東において日本と戦争をすることになれば、それこそスターリンが最も恐れていた状態になることだ。ホワイトは、以前にモーゲンソー宛に書いたメモを書き直して、長官に提出した。長官はサインして、ルーズベルト大統領とコーデル・ハル国務長官に提出した。ハル長官はホワイトの使った厳しい非妥協的な文面をそのまま残して、11月26日の日本への最後通牒に盛り込んだ。

これがハル・ノートとして知られている米国からの通知である。これを受けた日本は、それまでに米国側が提示したどの条件よりも日本にとってより厳しいものであったことに驚愕し、既に議論の余地はないと判断して、それを承認することなく、戦争に突入することを決定することになった。⑭

スターリンの思惑は、見事に成功したのである。

十一．真珠湾攻撃寸前の大統領周辺の言動

ルーズベルト大統領の陰謀説は、戦後すぐに出回り、1948年に出版された著名歴史学者チャールズ・ベアードの著書にも、それを疑わせる大統領周辺の高官の発言が引用されている。すなわち、大統領は米国がヨーロッパの戦争に参加できるように、日本を特に窮地に陥れて、連合国を攻撃するように仕向け、米国はそれを理由に、枢軸国に対して宣戦を布告するという戦略である。日本が到底容認できない条件を盛り込んだハル・ノートは、そのための格好の手段であった。この謀略を暗示する記録を左記に示そう。

ハル・ノートを日本側に手渡す直前の11月25日に、大統領は国務長官、海軍長官、陸軍長官、マー

シャル元帥、スターク提督を集めて会議を行い、「我々は次の月曜日にも攻撃されるかもしれない」と発言し、「如何にすれば、彼らに先に攻撃させて、しかも我々の被害を微小にとどめられるであろうか」と質問した。⑮

ハル・ノートを手渡した翌27日、ハル長官は陸軍長官のスティムソンに、「もう私は手を洗ったから、これからは貴方とノックス、すなわち、陸軍と海軍の出番だぞ」と言った。⑯

11月29日、ハル長官は英国大使と会い、「日本との外交関係はもう殆ど終わった。今からは、陸軍と海軍がやることになる」と伝えた。⑰

日本の真珠湾攻撃が始まった12月7日のワシントン時間午前2時、陸軍長官のスティムソンは、日記に「日本がハワイを直接に攻撃したことで、すべての問題は解決された。まずは決断の苦労から解放されて、ほっとしている。この危機はわが国民の一致団結をもたらす方向で起こったので、救われたという気分である」と書いている。⑱

これらの引用は、大統領が極秘のうちに日本を窮地に陥れ、連合国を攻撃させるように行動したことを暗示しているが、最近公開されるようになった書類からは、この陰謀が極秘書類に記載されていたことが判明している。スティネットの『真珠湾の真実』からそれを示そう。

彼が示している一つの極秘書類は、ハル・ノートが渡される2日前の1941年11月24日付の海軍作戦部長が他の海軍の首脳に向けて発信した極秘の指令である。

「日本との交渉において好ましい結果が得られる見込みはあまりない。日本政府とその陸海軍の動きを考えると、彼らは奇襲攻撃をやる可能性があり、フィリピン、グアムなどが襲われる可能性がある。本官はこの見解に同意し、軍の指導者に伝える。この緊迫した事態をさらに複雑にしないように、最上の警戒をすることを指示する。グアムには、別の指示を出す」⑲

この指令には、日米の外交交渉が破局に陥ることがすでに読み込まれている。そして、奇襲攻撃を予測している様子が伺われる。

もう一つの極秘書類は、ハル・ノートが渡された翌日の11月27日に海軍司令官スタークが海軍の首脳に発信したもので、日本に最初の攻撃をさせる米国の方針が明示されている。

「……日本の行動は予測できないが、いつ何時でも攻撃してくる可能性がある。もしも、戦闘行為を避けることができないのであれば、米国としては日本が最初に明確な行動を起こすようにさせたい。しかし、この政策を諸君の防衛行動を妨害するものと考えるべきではない。日本の攻撃の前に、諸君は必要と思われる偵察行動などを取るべきであるが、それが民間人に警告を与えるものであってはならないし、国家の意図が露見するようなものであってはならない」⑳

当時の米国の戦略が見事に記載されている。

結論——有罪か無罪か

以上のように、以前の歴史資料および最新の資料が示していることは、フランクリン・ルーズベルト大統領陰謀説の正当性である。ルーズベルト大統領は、ヨーロッパの戦争に関与して、イギリスやフランスを助けるために、そして恐らく米国を世界に冠たる覇権国家にするために、日本を瀬戸際に追い込み、それによって、アメリカを攻撃させることに成功したのである。それは第二次世界大戦に参入するための充分な口実となったし、中立を好み、外国の戦争に関与することを嫌った米国国民を団結させて、戦争に対処させることにもなった。

この説は、戦争直後から唱えられていたのであるが、歴史家の中では、政治的な理由もあって主流にならなかった。しかし、最近発見された文書などから、この説が益々信憑性の高いものであることが明らかになってきている。すなわち、太平洋戦争は、日本の侵略によって起こった戦いではなく、アメリカの大統領ルーズベルトによって計画されたもので、日本はその犠牲となったのである。

戦争直後に、連合軍は極東国際軍事裁判〔東京裁判〕を開始し、日本の指導者は共謀して近隣諸国を侵略したとの罪状が宣言された。さらに、1951年のサンフランシスコ平和条約の締結時には、国家主権の回復の代償として東京裁判の判決を承認することが求められた。その後の日本の教育では、この『東京裁判史観』が基底となっているために、戦後の教育を受けて育った人々は、日本国は近隣諸国に謝罪しなければならないという意識を抱いている傾向がある。このように、アメリカが起こした戦争によって犠牲になった日本が、さらに侵略者の汚名を着せられて、その認識が今日まで変更されずに維持されていることに驚愕するとともに、正しい歴史認識が今こそ必要なのである。東京裁判で用いられた「平和に対する罪」とは、まさに米国に対して適用すべき罪状である。

日本人は、過去においても侵略者ではなかったということを固く信じることが必要である。そして、日本は名誉ある独立を守って、西欧諸国の侵略に立ち向かい、アジア諸国の独立に貢献したことを誇りとして、後顧の憂いなく世界で活躍すべきである。

最後に、2013年11月に日本で出版された米国空軍大学の教官であるジェフリー・レコードの記した米国陸軍戦略研究所レポート『日本の戦争決断』の訳者、渡辺惣樹がその「まえがき」に書いたルーズベルトの罪状を紹介しよう。

「民事裁判」では有罪、「刑事裁判」では（推定）無罪、である。㉑

○注

①Beard（1948）

②三田村（1987）pp.17-23 および、タウンゼント（2005）p.83

③マクマリー（1997）第二部、タウンゼント（2005）全体、カワカミ（2001）第五-六章、ミアーズ（2005）第五章

④Beard（1948）pp.184-222

⑤Stinnett（2007）p.29

⑥中田（2010）p.60

⑦Pakula（2009）pp.354-428

⑧Ford（2007）pp.1-63

⑨Armstrong（2006）第六-八章

⑩Stinnett（2000）第一-四章

⑪中村（1990）pp.537-539, pp.572-574

⑫Miller（2007）第五、八、九、一四、一五、一六章

⑬Beard（2003）pp.496-506

⑭Romerstein & Brendel（2000）第二章

⑮Beard（2003）p.352

⑯Beard（2003）p.419

⑰Beard（2003）p.247

⑱Beard（2003）p.419

⑲Stinnett（2000）p.291

⑳ Stinnett（2000）p.294
㉑ レコード（2013）p.8

第5章

不当な東京裁判が強行された

国際法違反の東京裁判

日本政府は、1945年7月26日に連合国が提示したポツダム宣言を8月14日に受諾して、8月15日の玉音放送によって全国民に知らせた。この宣言には戦争犯罪人について、「吾等の俘虜を虐待せる者を含む一切の戦争犯罪人に対しては厳重なる処罰加えられるべし」と第10項に記載してあるので、「極東国際軍事裁判」、通称「東京裁判」が開かれることになった。①

一方、先に敗退したドイツに対しては、米英仏ソ4カ国によるニュルンベルク裁判が、ナチの指導者に対して行われることが決定されていた。

両裁判ともに、敗戦国の指導者個人を国際裁判にかけて国際法上の刑事責任を問うという、先例のない裁判であり、東京裁判の場合には「平和に対する罪」というそれまでに確立していなかった新しい罪状が適用された。その時点までの国際法では、俘虜の虐待に関しては厳しい規定があり、この規定を適用する裁判であれば、国際法上の問題はなかった。しかし、国家の決定を個人の責任とするこの方式は国際法上は認められていなかった。

また、「平和に対する罪」は1945年8月8日の「ロンドン会議」で米英仏ソの四強の代表が採択した罪状で、国際法には記載されていなかったものであった。例え、この罪状が1945

年に国際法において認められたとしても、この罪状をそれが承認された時点より以前の行為に適用することは、「事後法」の適用となり、通常の法治国では厳しく禁じられている事柄である。
しかし、敗戦国日本は、そのような不法な国際裁判に対しても抵抗することは出来ず、元総理大臣東條英機をはじめとする28名が被告となり、１９４６年５月３日に裁判が開始され、約２年半の歳月をかけて１９４８年11月12日に終結し、途中で病死した２名と裁判に不適格とされて免訴された１名を除く25名の全員に有罪判決が下され、そのうち７名が絞首刑を実施された。その25名のうち23名は「平和に対する罪」で有罪の判決を受けた。
１９５１年９月８日に調印された日本の主権回復のためのサンフランシスコ平和条約の第11条で「日本国は、極東国際軍事裁判並びに日本国内および国外の他の連合国戦争犯罪法廷の裁判の判決を受諾し……」②
と宣言しているので、この裁判は現在の独立国日本にも付きまとっている問題なのである。③

東京裁判は占領目的達成のために強行された

東京裁判の一つの目的は、占領軍の権威を示すことであった。日本の占領を効果的に実施するためには、占領軍の威力を当初からはっきりと日本国民に示す必要があったと考えられる。また、占領の目的は、「日本の政治体制と社会構造を変革し、民主化を目指し、日本が再びアメリカの脅威となり、または世界の平和および安全の脅威とならないようにすること」とあり、この目的を達成するために東京裁判を実施し、判決を出し、それなりの刑罰を早急に課して日本国民に見せしめにすることが、その後の占領政策に有効であるとの判断があった。

占領軍の総司令官のマッカーサーは、東京裁判のための条例が出来ていない時期に、部下に元総理東條英機の逮捕を命じたのである。この東京裁判条例は、トルーマン大統領の指示で、連合軍総司令官であったマッカーサーの責任で作成され、1946年1月19日に公示された。まったく連合軍の判断だけで作られたものである。

共同謀議の欺瞞

東京裁判が行われる前に、ドイツの戦争指導者を裁くニュルンベルク裁判が開始されたが、この裁判では「平和に対する罪」で起訴された被告は皆無で、ほとんどはユダヤ人大量虐殺を対象とした「人道に対する罪」で訴えられていた。この罪状もロンドン会議で新しく認められたものであった。ところで、日本の被告の殆どが犯したとされる「平和に対する罪」は以下のように定義されている。④

「侵略戦争或いは国際条約、協定、誓約に違反する戦争の計画、準備、開始或いは遂行、またはこれらの各行為のいずれかの達成を目的とする共通の計画或いは共同謀議への関与」

従って、戦争が侵略戦争であると判断されれば、その主要な参加者は「平和に対する罪」を犯したことになる。東京裁判における被告は、大東亜戦争が侵略戦争であるとされて、共同謀議の罪を犯したとされた。しかし、日本側弁護人は「共同謀議」の採用について強く反対した。戦争が侵略戦争、または条約を侵犯するものであれば、戦争に奉仕したものは全て有罪になるのであるし、「共同謀議」自体の定義が不明確であるからである。

事後法「平和に対する罪」で裁かれた東京裁判

満州事変以降の日本の国策を「共同謀議」で説明できるとした検察側の主張に対して、アメリカのローガン弁護士からも強い反対意見が出された。１９４７年2月25日の冒頭陳述において、彼は侵略戦争を開始し遂行するための継続的共同謀議というものはあり得なかったということを、事実で証明できるとして、「その事実は１９３１年９月の満州事変、1938年7月の支那事変、1941年12月の太平洋戦争が、それぞれ勃発した当時の内閣のいずれかの閣僚だった者は被告の中にいないということである」と陳述したのである。⑤

しかるに、これらの被告は共同謀議で有罪となったのである。

日本は「侵略国家」ではない

このような罪状があれば、一旦「侵略国家」というラベルを貼られれば、無限の罪人が出てくるのであるが、果たして日本は「侵略国家」であったのであろうか。法的に特定の国家を侵略国家と呼ぶためには、「侵略」の定義がされていなければならない。ところが、第二次大戦中はもちろんのこと、1974年に国際連合が初めてその定義を確立するまでは、国際的に認められた定義はなかったのである。すなわち、東京裁判が開廷されていた時には、「侵略」は定義されていなかった。しばしば、「侵略戦争」を不当であると決定したといわれる1928年のパリ不戦条約においても、それは定義されていないのである。

しかし、1974年の国連の定義によれば、「侵略」とは「他国の主権、領土保全若《も》しくは政治的独立に対する先制的な武力の行使」があることと規定されているが、個々のケースについて国連の安全保障理事会が決定することになっている。従って、これは事後的に政治的に決められるのである。⑥

戦後の日本の場合にも、不当な「事後法」によって連合国による政治的な判断によって「侵略国家」と規定されたので、日本国としてはその決定に抗議をする十分な理由がある。朝鮮戦争の勃発後に解任されたマッカーサーが、１９５１年に米国の上院の委員会で宣誓証言したように、日本が１９４１年に開戦に踏み切ったのは、「多分に自衛のためであった」のである。

このことは重要であるので、原文に和訳を添えて提示しよう。⑦（118～119頁）

東京裁判を戦後その条例づくりから直接に指揮してきた人が、その数年度に、アメリカ議会に対して彼の本心を述べたと理解される。

このマッカーサーの証言は、１９４１年12月８日になされた昭和天皇の開戦の詔勅と合致するのである。開戦の詔勅には以下の文章がある。⑧

「朕ハ政府ヲシテ事態ヲ平和ノ裡ニ回復セシメムトシ隠忍久シキニ彌リタルモ彼ハ毫モ交讓ノ精神ナク徒ニ時局ノ解決ヲ遷延セシメテ此ノ間却ツテ益々經濟上軍事上ノ脅威ヲ増大シ以テ我ヲ屈従セシメムトス斯ノ如クニシテ推移セムカ東亞安定ニ關スル帝國積年ノ努力ハ悉ク水泡ニ帰シ帝

國ノ存立亦正ニ危殆ニ瀕セリ事既ニ此ニ至ル帝國ハ今ヤ自存自衛ノ為蹶然起ツテ一切ノ障礙ヲ破砕スルノ外ナキナリ」

現在の口語体にすると以下のようになる。⑨

「私は政府に事態を平和の裡《うち》に解決させようとし、長い間、忍耐してきたが、米英は、少しも互いに譲り合う精神がなく、むやみに事態の解決を遅らせようとし、その間にもますます経済上・軍事上の脅威を増大し続け、それによって我が国を屈服させようとしている。このような事態がこのまま続けば、東アジアの安定に関して我が帝国がはらってきた積年の努力は、ことごとく水の泡となり、帝国の存立も、まさに危機に瀕することになる。ことここに至っては、我が帝国は今や、自存と自衛の為に、決然と立上がり、一切の障害を破砕する以外にない」

東條英機元総理大臣が、東京裁判の審議の最後の壇上で、1947年12月19日に法廷で行った宣誓書と符合するのである。彼は次のように述べます。⑩

「終わりに臨み――、恐らくこれが当法廷の規則の上で許される最後の機会でありましょうが――、私はここに重ねて申し上げます。日本帝国の国策ないしは当年合法にその地位にあった官吏の採った方針は、侵略でもなく、搾取でもありませんでした。一歩は一歩より進み、また適法に選ばれた各内閣はそれぞれ相承けて、憲法および法律に定められた手続きに従いこれを処理して行きましたが、ついに我が国は彼の冷厳なる現実に逢着《ほうちゃく》したのであります。当年国家の運命を商量較計するのが責任を負荷した我々としては、国家自衛のために起《た》つということが唯一つ残された途《みち》でありました。我々は国家の運命を賭しました。しかして敗れました。しかして眼前に見るが如き事態が惹起《じゃっき》したのであります」

逢着《ほうちゃく》は出くわす、商量較計は較量で、おしはかるの意。

さらに付け加えるとすれば、海外の識者の見解である。佐藤和男編（２００５年）の『世界がさばく東京裁判』においては、米国のケッログ国務長官、ソ連封じ込み政策で著名になった国務省のジョージ・ケナン、ダグラス連邦最高裁判事、マイニア教授など多数の著名人がこの裁判に批判的であり、この裁判を徹底的に批判したパール判事の母国のインドでは、政府自体がパール判事の見解を支持していると言われている。総計85名の識者がこの連合軍の実行した裁判に批判的であると紹介されている。

結論は明らかである。東京裁判は、国際法を無視して、連合国が自分たちの都合の良いようにあたかも厳正な国際法に則って敗者の指導者に報復をした裁判劇であったと結論づけることができる。

Senator Hickenlooper.

Question No.5 : Isn't your proposal for sea and air blockade of Red China the same strategy by which Americans achieved victory over the Japanese in the Pacific?

Douglas MacArthur.

Yes, sir. In the Pacific we bypassed them. We closed in. You must understand that Japan had an enormous population of nearly 80 million people crowded into 4 islands. It was about half a farm population. The other half was engaged in industry.

Potentially the labor pool in Japan, both in quantity and quality, is as good as anything that I have known. Some place down the line they have discovered what you might call the dignity of labor, that men are happier when they are working and constructing than when they are idling.

This enormous capacity for work meant that they had to have something to work on. They built the factories, they had the labor, but they didn't have the basic materials.

There is practically nothing indigenous to Japan except the silk worm. They lack cotton, they lack wool, they lack petroleum products, they lack tin, they lack rubber, they lack a great many other things, all of which was in the Asiatic basin.

They feared that if those supplies were cut off, there would be 10 to 19 million people unoccupied in Japan. Their purpose, therefore, in going to war was largely dictated by security.

日本語訳

【質問者】ヒッケンルーパー上院議員

五番目の質問です。赤化支那（中共：共産中国）に対し海と空とから封鎖してしまえという貴官（マッカーサーのこと）の提案は、アメリカが太平洋において日本に対する勝利を収めた際のそれと同じ戦略なのではありませんか。

【答弁】マッカーサー将軍

その通りです。太平洋において我々は彼らを迂回しました。我々は包囲したのです。日本は八千万に近い膨大な人口を抱え、それが四つの島にひしめいてるのだということを理解していただかなくてはなりません。その半分近くが農業人口で、後の半分が工業生産に従事していました。

潜在的に、日本の擁する労働力は量的にも質的にも、私がこれまで接していたいづれにも劣らぬ優秀なものです。歴史上のどの時点においてか、日本の労働者は、人間は怠けているときよりも、働き、生産しているときの方がより幸福なのだということ、つまり労働の尊厳と呼んでもよいようなものを発見していたのです。

これほど巨大な労働力を持っているということは、彼らには何か働く材料が必要だということを意味します。彼らは工場を建設し、労働力を有していました。しかし、彼らは手を加えるべき原料を得ることが出来ませんでした。

日本は絹産業以外には、固有の産物は殆ど何も無いのです。彼らは綿が無い、羊毛が無い、石油の産出が無い、錫《すず》が無い、ゴムが無い、そのほか実に多くの原料が欠如している。そしてそれら一切のものがアジアの海域には存在していたのです。

もしこれらの原料の供給を断ち切られたら、日本では一千万から一千二百万の失業者が発生し、亡国と化するであろうことを彼ら（日本政府・軍部）は恐れていました。したがって彼らが戦争を始めた目的は、大部分が安全保障のため（Security）だったのです。

〇注

①外務省ホームページ https://www.mofa.go.jp/mofaj/a_o/rp/page22_002286.html　参照

②この最後の部分は「連合国戦争犯罪法廷の裁判を受諾し」と外務省はやくしているが、原文が「Japan accepts the judgments」とあるので、ここでは「裁判の判決」と訳した。

③東京裁判全般については児島（1971）、清瀬（1986）参照のこと。

④児島（1971）pp.54−55

⑤佐藤（2006）p.114

⑥目良他（2012）pp.58−63

⑦U.S. Senate 82nd Congress, Testimony of General Douglas MacArthur (1951), 57-58.

⑧http://www.geocities.jp/taizoota/Essay/gyokuon/kaisenn.htm

⑨http://www.geocities.jp/taizoota/Essay/gyokuon/kaisenn.htm

⑩渡部（2006）p.528

第6章

日本人を去勢した占領政策

総司令官マッカーサー

深淵に落とされた日本

１９４５年８月15日に日本政府は、米国、英国、国民党中国政府が７月26日にポツダムで発表した宣言を受諾することを決定した。それは歴史的な決定であった。

突如として米国の爆撃機が襲来しなくなり、日本の軍隊は武器を放棄した。連合軍の最高司令官ダグラス・マッカーサーが８月30日に、あの有名なコーン・パイプをくわえ、特有の黒眼鏡をかけて厚木飛行場に降り立ったのである。そして皇居前の第一生命ビルに陣取り、日本国を根本的に変革した指令を発することになったのである。その後９月２日に東京湾に停泊した戦艦ミズーリ号において停戦協定が調印された。日本はするべきことを完了した。手元にある全ての武器を放棄し、総司令部からの指示を忠実に守り実行したのである。

それは、画期的な変革の始まりであった。軍備の放棄自体が日本にとっては大変革であったが、それは単に変革の第一歩に過ぎなかった。そのあとに総司令部による変革指令が続出してきたのである。これらの変革は、日本国を未来永劫、再び米国に立ち向かうことを不可能にすることというただ一つの目的のためになされた。

この戦いで、日本は米国だけではなく、英国、フランス、オランダ、中華民国、およびその他五カ国と戦い、最終的には数日間だけではあったがソ連とも戦ったのであるが、占領政策は事実上、米国だけがやることになった。占領政策は、11カ国で構成される極東委員会によって管理されていたが、委員会は連合国間の意見の調整をするよりも、むしろ総司令部が作成した政策を承諾する役割を果たしていた。①

マッカーサーは、米国の大統領であるトルーマンの指揮のもとにあったが、彼は1945年11月3日に極東委員会のメンバーである米国統合参謀本部から次の指示を受けた。

マッカーサー

「連合軍による日本の占領政策の主要な目的は、将来において日本が世界の平和と安全を脅かす脅威にならないような政策を作成し、実施することである」②

この目的のために、総司令部はすべての必要な行動をとることが認められたのである。この米国統合参謀本部の指示が、その後に取られたマッカーサーを含む総司令部が1952年4月28日までに採択した政策を理解するうえで重要である。

この政策は民主主義と自由主義の名のもとに行われたもので、日本人はそれを歓迎さえもしたのであるが、日本を徹底的に弱体化するのに極めて効果的であった。その数年前にルーズベルトの策略で真珠湾攻撃をせざるを得なかったことと、その後の軍事的な敗北が日本の経験した第一の罠であったが、占領期間に日本は第二の罠に嵌《は》まったといえよう。

日本は深淵に落とされ、今になってもそれから這い上がることが出来ないでいる。占領期間に受けた変革はいろいろと表現できるであろうが、ここでは世界的な社会制度の変化と、占領政策がもたらした変化に分けることができる。その時期は世界全体も大きく変化したからであり、占領政策がもたらした変化は、それとは区別しなくてはならない。以下の、それらを区別して記述しよう。

祖先より個人主義へ

一つの大きな問題は、日本の特異性である天皇制の問題である。天皇制の存続はポツダム宣言においても問題となったが、日本人は天皇を戴いているから献身的に国家に仕えるので、この制度を大幅に改革する必要があるという考えであった。この問題の解決のためには、後に述べるように憲法を総司令部の下で作成する必要があったのである。

改革の一般的な傾向は、日本の伝統的な武家的な行動様式を取り払うことであった。日本の男性は以前は「さむらい」に倣って、意志が明瞭で、決意が固く、使命のために身を投げ出す、すなわち、黒澤明の映画『七人の侍』で描写されている男たちに代表される。戦争以前や戦時中には、人々はもっと国家の目標や家全体のことを考えていた。特に戦時中においては、人々は国家の目的を達成することが最高の目的であると考え、自分の命を捧げることに対しても躊躇しなかったし、また、個人の利益よりも家族や家の繁栄を考えた。

しかし、現在の日本にはこのような日本人はほとんど影をひそめてしまった。別の観点からすれば、現在の日本人はかなり個人主義的である。これは世界的な変化と呼応しているかもしれない。しかし、日本における変化は外の国におけるよりも、より顕著である。

この変化は必ずしも好ましいものではない。現状は行き過ぎと考えられよう。人々はややもすると親や祖父母に何らの敬意も示さないのである。彼らは学校で人々はすべて平等であると教えられ、これを民主主義・自由主義だと信じているのである。従って、年長者に対して敬意を持たない。

自虐史観の制度化

二十世紀初頭の日本人は、自分の考えに関して強い自信を持っていた。彼らは、自分の意見を自由に述べていた。1932年12月8日に外務大臣松岡洋右が国際連盟で行った「十字架に直面する日本」と題する流暢な英語での演説を思い起こしていただきたい。彼は新興「満州国」についての日本の立場を80分間説明し続けたのである。日本の立場は、参加国の多数によって拒絶されたのではあるが、彼の演説は高く評価された。

今日の日本の政治家からは、同様な見解の表明はない。現在の日本の政治家は臆病で、なかなか自分の意見を表明できない。多くの日本の政治家や外交官は（現総理大臣の安倍晋三は例外かもしれないが）ほかの国の外交官などが表明した見解を考えて安全であると判断できなければ、自分の意見を表明しないのである。彼らは外国の人々を傷つけないように細心の注意を払う。元総理大臣の福田康夫氏は2008年に、戦争において命を失った兵士の魂が祀《まつ》られている靖国神社になぜ参拝しないのかとの質問に、「私は中国が好まないことをあえてしたくないのです」と答えた。③

この声明は、正直に言って、おかしなものである。日本の指導者がどういうことをすべきかを考えて行動するのではなくて、その行動が隣国にどのような影響を及ぼすかを重視して、自国の国益よりも隣国の国益を優先しているのである。それは単なる言葉の綾であるかもしれないが、しかし、彼の総理大臣としての業績を検討すると、彼が本当に日本の国益を優先していたか疑わしいのである。戦後の民主主義教育を受けた人々よりも、戦前の松岡洋右のような人の方が自己の信念を持っていたのである。

このことと関連して、他のすべての国は自身の利益の増進のために行動しているにもかかわらず、日本の人たちは、自国の利益を推進することに消極的であるといえるであろう。その一つの例は、教科書における記述を規制する「近隣諸国条項」である。

１９８２年に、政府は歴史教科書にアジア近隣諸国についての記載をする際の制限条項を設定した。その制限は、そのような記述は「国際的理解と国際協調を増進する趣旨」に沿っていなければならないということである。

この条項は、ある教科書は日本が近隣諸国を「侵略」した罪悪を明瞭に記載していないとする中国、韓国、北朝鮮などの非難に応えて制定されたのである。近隣諸国の人々の感情を考えることも必要ではるが、歴史的な事実が近隣諸国の人の感情を害する場合には、この条項によって歴史的事実を正確に記述することが出来なくなるのである。しかし、この制限条項によって教科書はこれらの三カ国が傷つかないように記述しなければならない。この制度はそれまでに国内で醸成されてきた「自虐史観」を制度化したものである、この考え方では、国家の利益を主張することはあまりにも利己的で、好ましくないとするもので、自国を犠牲にしても他国の利益を優先することになる。

愛国心の弱体化

これと関連しているのが日本人の「愛国心」である。今では「愛国心」というと軍国主義につながるといわれ、「国を愛する心」などと言い換えるようになっている始末であるが、多くの人は祝日においても、国家を斉唱したり、国旗を掲揚することを躊躇している。

さらにある人は、日本人の名誉を汚すことによって金稼ぎをしようとする。反日作家の中に吉田清治と称する人がいた。この人は1983年に『私の戦争犯罪』と称する本を出版した。この本に彼は、戦時中に日本軍の将校として、部下を率いて朝鮮の済州島に行き、「慰安婦」にするために201人の朝鮮人女性を駆り集めたと告白したのである。そして彼らはそれらの女性を日本軍に性的なサービスをするために送り出したと書いたのである。この本は飛ぶように売れ、読まれ、さらに朝鮮語にも翻訳された。そしてこの本は、現在の日本と韓国の間で問題になっている「慰安婦問題」を起こすことになったのである。

「慰安婦問題」については、慰安婦がいたことを否定する人はいない。しかし、日本の歴史家の多くは、慰安婦が強制連行されたとは信じていないし、彼女らはそのサービスに応じた報酬を受けていたと思っている。しかし、この本は日本軍の残虐性を証明するものとされ、日本人の名誉を傷つけている。それなのに、吉田はこの中身は自分の経験を書いたものであるとして、韓国に行き謝罪もしたのである。しかし、出版後10年以内に日本の歴史家が済州島を訪問して、その内容が事実に基づかない架空の話であることを発見した。その間に、吉田は日本の名誉を大いに傷つけていたのである。

その後長年、日本と韓国はこの件についてやり取りをしたが、２０１５年12月になって「最終的、不可逆的な合意」に達し、それぞれは他の国を国際社会でこの件に関して批判したり、非難したりしないことになった。④

国家の間では、この問題は解決した形になったが、民間団体では、「これは日本政府による重大な人権侵害である」として、いまだに活発な運動が続いている。米国内部でも韓国系団体に中国系の人達が加わって慰安婦像の建立運動が行われている。カリフォルニア州のグレンデール市に２０１３年に建てられた慰安婦像に対しては、日系アメリカ人などがその撤去を求めて訴訟を起こした。その主な訴因は、「グレンデールのような市が連邦政府だけに与えられた外交権を行使するのは米国の憲法に違反する」という市の越権行為を問題とするもので、慰安婦が「性奴隷」であったかどうかを争うものではなかった。この裁判は、米国の最高裁判所にまで提訴されたが、2017年3月に原告の敗訴が確定した。⑤

吉田のような深刻な売国奴は稀であるが、多くの日本人が意識的に日本や日本人の名誉を何らかの方法で傷つけている。元総理の鳩山由紀夫は韓国に行き、現総理の安倍晋三を批判し、韓国人の前で膝まづいて謝罪したりした。⑥

しかし、鳩山由紀夫は例外であるかもしれないが、多くの人は慰安婦の問題を含めた国際問題について韓国や中国の団体を擁護したがるのである。これらの人の中には「左翼」と呼ばれる人も含まれるが、それ以外の人もいる。国会議員で自由民主党に所属する人の中にも、中華人民共和国の国家主席に歓迎されることを望んでいる人が多数いる。2015年には党の総務会長の二階俊博に引率されて、議員20名を含む総勢3000名の実業家などが北京詣でをした。⑦

二階は親中派で、東シナ海の石油資源を譲渡するなどの親中的な政策を今まで提案してきた。

このこととの関連で、占領政策の結果、日本人にもたらされたもっとも重要な事項に触れざるを得ない。占領政策は日本を未来永劫、弱体化することを狙いとした。そして、実際にそうなっているのである。その意味で、それは米国にとっては偉大な成功例である。

それは最初に、東京裁判をすることにより実施され、日本は侵略国家であったし、犯罪国家であったとすることから始まった。次に彼らは、侵略したり植民地化した国に日本は謝罪しなければならないと主張した。そして三番目には、日本はその文化が軍国主義を醸成する素地となっているので、まず絶対的な権力を持っている天皇をその座から引き下ろし、伝統的な文化を否定し、西欧の社会的な理念である「民主主義」と「自由主義」を根幹として改革をする必要があるとした。そして最後に、日本人のすべてが軍国主義的であるとか、侵略者ではないが、軍隊や業界や政府の中の限られた人々が悪事を起こしたのであるとして、公職追放という形でそれらの人々から権力を剥奪した。

占領政策はそれらの方針でもって実施された。以下に個々の政策を詳述する。

一、日本政府への対応

連合軍最高指揮官ダグラス・マッカーサー元帥のもとに総司令部を設置した。総司令部は14の部を持ち、特定の機能を果たすことになっていた。総陣容は２千人であったといわれている。⑧

占領政策は総司令部が実施するのではなく、日本政府を通じて実施された。日本政府は日本列島の隅々まで統括していたし、国内の通信網は完備していたので、それは賢明な方法であった。しかも、日本語は英語とは全く異なった言語であり、英語を話す人には習得しにくい言語である。従って、連合軍が直接に統治するのはほとんど不可能であった。財務的に余裕のある総司令部は当時の国内賃金の数倍の料金を払って、英語力のある日本の知識人を採用することができた。当時は日米の賃金格差は大きかったので、日本の知識人の採用は容易であった。

二、戦争犯罪人の裁判

前章でもふれたように、日本人の心を変革する主要な手段の一つが、戦争犯罪人に対する国際的な裁判であった。これは正式には「極東国際軍事裁判」と呼ばれるが、省略して「東京戦争犯罪裁判」とか、単に「東京裁判」といわれることもある。この裁判は、日本人の中のあるグループは軍国主義的で、東アジアを軍事力で侵略しようとしたとする理屈を根拠としている。そして、新しく案出された「平和に対する罪」を用いて連合軍は国際軍事裁判が正義に基づくものであるという形式を整えた。

総司令部は、占領を始めた時から「戦争犯罪情報計画（ＷＧＩＰ）」を実施していた。この計画は日本が自衛のためではなくて、連合軍に対して戦争を仕掛けたことを罪悪であると日本人が認識するように図られたもので、換言すれば、日本が太平洋戦争を開始するに充分な理由があるにもかかわらず、日本人に罪悪であると認識させるための壮大な教育計画であった。この計画の初期の重要な計画書は、１９４５年12月21日に総司令部の民間情報教育局長ケン・ダイクから出された手紙である。⑨

この手紙は、「極東国際軍事裁判の準備」のための指示書である。以下に主要な指示を示す。

1. 戦争を企み、計画し、開始し、侵略戦争を起こしたり、そのような行為に共謀したりした者を処罰する充分な根拠があることを示すこと。
2. 戦争犯罪を犯したと疑われる者を裁くことは全ての人たちのためであることを示すこと。
3. 戦争犯罪人を処罰することは平和で繁栄する日本国のためでもあり、全世界の安全のためでもあることを示すこと。
4. 戦争犯罪人が現在の日本を苦境に陥れたことに対して大きな責任があるが、一般の国民も軍の行動に抵抗しなかったり、協力したりしたので責任があることを示すこと。
5. 戦争犯罪人を容認する政権を作らせないことは、一般国民の責任であること。

6．国内の政治家、産業界、放送業界などの指導的立場の者も戦争を開始したことの責任を負うべきことを示すこと。

この指示書が出来たのはまだ東京裁判が開始されていない時期であり、その時にはまだ戦争犯罪の容疑者が発表されたばかりで、逮捕が始まった時であった。東京裁判に対しての筋書きは総司令部が作ったのである。

しかし東京裁判は、当初は戦争の末期に連合軍が用いた原爆投下などの残忍な手法を用いて勝利を得たことの正当化のためのものであったが、後にこの教育目的が付け加えられたのである。当時の国際法では、戦勝国が敗戦国を裁く根拠はなかった。しかも、東京裁判で用いられた主要な罪状、「平和に対する罪」は日本がポツダム宣言を受諾する2週間前の7月に、枢軸国の参加のない、連合国だけの会議で初めて認められたのである。

しかし、筋書きはきちんと書かれていた。裁判の進行中には、その筋書きを崩す動きはすべて拒絶されてしまい、英語圏国からの判事が一緒になって多数意見を作成したのである。21人の軍と政府の指導者は戦争を共謀したとされ、有罪とされた。実際には彼らは別の内閣に属し、別の時期に大臣職に就いていた人たちであったので、共謀の実態があったとするのは無理がある。

連合国にとって東京裁判の主要な成果は、日本が1931年の満州事変以降、日本が侵略者であったことと、戦時指導者が共謀して戦争を始めたことを「宣言」したことである。決して「証明」したのではなく、総司令部の方針に従って「宣言」したのである。さらに、日本は1951年のサンフランシスコ平和条約において、東京裁判の判決を承認することを強いられた。

三、重要人物のパージ

総司令部は、ある種の影響力のある人物を権力の座から引き下ろすことを進めた。これはポツダム宣言の第6条「日本の国民を騙し、世界制覇に導いた指導者たちは排除されなければならない」に基づくものである。この計画は、正式には「好ましくない人物の公的地位から排除」である。⑩

通常、パージとか「公職追放」と呼ばれている。この計画は最初、軍関係者を公的な地位から排除するものであったが、すぐに占領軍にとって非民主主義的と判断された人物を排除して、民主化を助けるものに転化した。

公的な職から追放された人たちは、次の5分野に分けられる。

1．高階級の軍人

2. 憲兵隊の将校
3. 超国家主義団体の会員
4. 戦争犯罪を犯したと考えられる人
5. 政府、業界および財界で領土拡大方針を唱えた人

パージの対象になる人の指名は急速には進まなかったが、1948年に最高値を記録した。

公職追放者の分野別分布

分野	人数	比率(%)
軍の指導層	167,035	79.8
高級官僚	1,809	0.9
政治指導者	34,892	16.5
超国家主義者	3,438	1.6
財界指導者	1,898	0.9
報道界指導者	1,216	0.5
合計	210,288	100

出典:Baerwald (1959), 80.

1948年5月までに、20万以上の人が指名された。パージされた人の分野別の人数は、上表に示してある。

このパージ計画は、指名の根拠が曖昧であると、しばしば批判されている。この曖昧さは、1946年4月に鳩山一郎の自由党が総選挙で過半数の議席を取得した直後にパージされたことを例として指摘される。彼は国会で総理大臣に指名されることになっていた。ところが、彼は戦前に社会主義に反対で、ヒットラーやムッソリーニに近かったので、総司令部は民主的な日本国の総理大臣には不適格であると判断して、彼をパージしたのであ

る。その結果、吉田茂が総理大臣に選出された。この人物のすり替えは、その後の日本の発展に大きな影響を与えることになった。

このパージ計画のもう一つの批判は、追放された人々がすぐに解放されたことである。１９４８年の半ばまでに20万人以上の人が追放されたが、１９５１年の半ばには殆どすべての人が解除になったのである。そして１９５２年4月28日にはサンフランシスコ平和条約が発効した結果、パージされた人々はすべて解除になったのである。すなわち、パージは3年くらいしか続かなかったのである。

このパージといわれる追放政策は、軍事力や経済的圧力を使わずに行われた日本の発展経路の変更である。しかし、もし実施機関がこれを実施する充分な理由があったとしても、効果的で正当な計画を実施することは困難であったであろう。この計画は個人の背景についての迅速な審査と共に、注意深く公正な基準を確立して実施することが必要であったのである。結論としては、このプログラムは、今日の文明国で認められている機会の均等性と職業選択の自由の原理に違反していたのである。それによって当時ある程度の成功を収めていた人々は、権力を保持していた総司令部の気まぐれな決定によって運命を大きく左右されたのである。

四、財閥の解体

米国政府は当時、日本の経済において顕著な役割を持っていた財閥が領土の拡大を狙っていたと考え、再編されるべきであると考えた。日本の財閥は軍隊の指導者が抱いていた領土の拡張の野望を支援していたと考えられ、事実、日本経済は財閥による支配が特徴的で、産業界や政治に大きな影響力を持っていた。⑪

1945年10月16日に総司令部は指令を発し、財閥が自発的に解体することを要求し、もし自発的な解体が起こらなければ、総司令部が介入することを明らかにした。日本政府は総司令部と協議して、財閥解体の法律を作成して、11月23日に法案を成立させた。

最初の解体指示は1946年9月6日に三井、三菱、住友、安田と富士の5大財閥に出された。財閥の保有していた株式は政府に移管され、その時およびそれ以前の役職者は追放された。例えば、三井財閥の場合には、多数の特定分野の会社に分割された。1946年12月7日には、第2回目の解体・再編指示が発せられた。財閥は解体されて多数の小企業になり、巨大で独占的な企業は地域別か専門分野ごとに解体された。例えば、日本製鉄は、八幡製鉄や富士製鉄を含む4つの会社に分解された。次いで、第3回、第4回、第5回の解体指令が発行され、最後の指令が出されたのは1947年9月26日であった。

1952年に日本が再度独立を達成してからは、分解された会社の再編成が緩やかに進行した。例えば、三井とか三菱グループは、1960年代や1970年代の経済成長期にかなり強力になった。三井グループの会社は以前のように三井の本部からの指示で動くことはなくなったが、三井グループの会社の社長は定期的に会合を開いて、情報交換をしてきている。しかし、2000年頃からはそれぞれの分野での競争が激しくなったので、グループとしてのまとまりは減退してきている。この傾向は金融業に最も顕著にみられる。例えば、三井銀行と住友銀行は合併して三井住友銀行になり、以前の競争相手が、今や同じ会社の仲間となった場合もある。

五、情報統制

戦争犯罪意識計画（WGIP）の一部として総司令部は1945年9月19日にプレス・コード（情報規制）を発令した。これは極めて厳しい日本国内における情報規制であった。ポツダム宣言では「言論の自由」を主張しているにもかかわらず、占領軍は出版と新聞・放送などの活動を厳しく規制した。１９４５年11月25日までにプレス・コードによって以下の30項目についての新聞・雑誌・図書の出版や放送が禁止された。⑫

1. 総司令部に対する批判
2. 東京裁判に対する批判
3. 新憲法の作成に占領軍が関与したことへの批判
4. 情報統制に関する批判
5. 米合衆国に対する批判
6. ソ連に対する批判
7. 英国に対する批判
8. 朝鮮人に対する批判
9. 中国に対する批判
10. その他の連合国家に対する批判
11. 連合軍に対する批判
12. 満州に居住していた日本人の扱いに関する批判
13. 戦前の連合軍の政策に関する批判

14. 起こるかもしれない第三次世界戦争への言及
15. 冷戦への言及
16. 正当防衛のための宣伝
17. 日本が神の国であるとする宣伝
18. 軍国主義の宣伝
19. 国家主義の宣伝
20. 大東亜共栄圏の宣伝
21. その他の宣伝
22. 戦争犯罪人を正当化することまたは防御すること
23. 日本女性が占領軍と関係すること
24. ヤミ市場の報道
25. 占領軍への批判
26. 食糧難の誇張
27. 暴力や不安を煽ること
28. 虚偽の報道

29. 総司令部や地方の軍事施設に関する不適切な言及
30. 秘密情報の暴露
このリストは徹底している。総司令部は日本人からあらゆる種類の苦情が出ると予想したのである。連合軍に参加している全ての国に対する批判が禁止されていることも納得できる。特に、総司令部は日本人が以下のようなことに関して苦情を述べることを予想していたのである。
(12) 満州におけるソ連兵の日本人女性に対する暴行、(13) 連合国によるアジアやアフリカの植民地政策、(15) ソ連との激化する冷戦、(16) 太平洋戦争ないし大東亜戦争を日本人が正当化すること、(18、19) 日本が軍国主義や国家主義を正当化すること。(23) 占領軍が日本女性と関係することを報道することを禁じていることは興味深い。
この情報統制でもって彼らの業務に好ましくない報道を排除できたのである。しかるに、日本人は占領期間中、情報欠乏状況に置かれ、単に操作された、または消毒された情報しか与えられなかった。

情報統制は1952年4月に、サンフランシスコ平和条約の発効をもって終了した。しかし、情報機関は統制のもとで生き延び、統制のもとで報道する習慣がついてしまった。特に、一度統制違反をして処罰された朝日新聞は、処罰を免れるための「自己統制」の習慣がついてしまった。

現在においても、朝日は自由民主党に批判的で、近隣の中国や韓国、北朝鮮に対して好意的なのである。この新聞が吉田清治の済州島における朝鮮人の女性狩りの話をまことしやかに報道し続け、慰安婦問題を作り上げたといってもよいであろう。この過ちを30年間以上も訂正せずにいたが、やっと２０１４年８月になって間違いを自ら認めたのである。⑭

この情報統制は、図書の出版や個人の郵便物までにも及んだ。この統制で出版禁止になった図書に、アメリカ人のヘレン・ミアーズの『アメリカの鏡としての日本』がある。アメリカでは１９４８年に出版されたが、日本では発禁になった。彼女は、アメリカ人の日本観と対日本政策に大きな誤りがあると主張した。特に、総司令部が占領政策の中心としている、日本が侵略者であるとする主張に対して反対していた。そのために、この本の日本における出版は当時禁止された。この本はやっと１９９５年になって日本語で発売された。

この情報統制の影響は甚大であった。占領軍に対する批判は出来ないので、総司令部は指令や宣伝を通して、ダグラス・マッカーサーは日本国を破壊と飢餓から救った救世主であり、日本国民を軍国主義の圧力から救い出し、民主主義の原理と言論の自由を供与した解放者であると崇め奉られるように演出した。

事実、この試みは成功した。総司令部は天皇と共に並んだマッカーサーの写真を公表したが、巨大で落ち着いたマッカーサーが、緊張している天皇を圧迫している様子が明白に出ている。写真は、誰が支配者で、誰が非支配者であるかを明白に示している。マッカーサーは、日本国民に彼が最高の権力を持っていることを示したのである。

また、アメリカの軍人が日本の女性に暴行を加えたことはしばしばあったが、アメリカ兵の悪事を報道することは禁止されていたので、報道するとすれば単に、「大きな人」が女性に乱暴をしたと報道することくらいしかできなかった。

六、焚書《ふんしょ》：好ましくない図書の焼却

2200年以上前に秦の始皇帝が、それ以前の王朝時に出された図書をすべて焼却したという故事がある。彼は歴史家に彼の望み通りの歴史を書かせて、彼自身の歴史を作ったのである。占領軍によって同じような事態が起こった。彼らは7千以上の著書を「好ましからぬ図書」に指定して、日本人に読ませないようにした。この焚書政策は、前記の情報規制や出版規制と並行して行われた。総司令部はこのプログラムを「プロパガンダ出版物の破棄」と呼び、それらの図書は宣伝のために書かれた物であると決めつけた。しかし、真実の目的は日本国の特性と歴史を著述した図書を排除することにあった。

それは１９４６年３月17日に日本政府に出された総司令部のＢ・Ｍ・フィッチ准将の手紙で始まった。彼は単に10冊の図書を指定して、それらは倉庫、本屋、図書の卸売り業者、商業施設、政府や関係施設から取り去られるべきであると命令した。⑮

それらの著書の最初の４冊は以下のとおりである。

１．朝日新聞社著『戦争と建設』　２．毎日新聞社著『現代の海戦』　３．平田時次郎著『戦時新聞の読み方』　４．平田一郎著『日本に対する米英の挑戦の真相』

まことにこれらは戦争に深く関係しているが、それらは内容的にはプロパガンダを目的としているのではない。しかし、総司令部はそれらが好ましくないと判断したのである。

１９４６年３月17日の指令の後に、総司令部は48の指令を発令した。最後のものは１９４８年４月15日であった。⑯

廃棄の対象になったものは７７６９の著書であった。１９２８年１月１日から１９４５年９月２日までに22万の著書が発行されたが、廃棄対象書籍は発行書籍全体の３・５％に当たる。⑰

それらの約８千の好ましくない著書を選出するのは総司令部の職員ができることではなかった。

彼らは東京大学の文学部の学者を動員したのである。[18]
日本の最高の知識人が自国の歴史の一部を消去するために動員されたのは、誠に残念なことである。これらの書籍を廃棄処分とすることは、秘密裏に行われた。したがって、個人の所有しているものや図書館に備えられている図書は、人々の注目をひくので廃棄の対象にならなかった。
では、廃棄の対象になった図書の基準は何であったのであろうか。選択の基準を明示した書類は見当たらない。その基準を推測する方法は、総司令部が情報規制に使ったものと同じ基準を用いたと考えることである。日本国の特別な歴史的、文化的な性格を助長するものが狙われたと思われる。さらに、日本国が「選ばれた国」であるとする図書も対象になったであろう。その基準を見出す一つの方法は、廃棄の対象になった図書の種類を検討することである。西尾幹二はこの焚書計画について研究し、２００８年に最初の著書を出している。彼は、廃棄の対象になった図書を以下の14の種類に分類している。

1. 日米戦争の勃発の原因
2. アジアの政治哲学
3. 太平洋戦争の回顧
4. 第二次世界大戦の歴史

5. 兵士の戦闘意欲の鼓舞
6. １９３７年からの日中戦争
7. 戦争における英雄の伝記
8. アジア諸国の記述
9. 日本の国家論
10. 日本における天皇制
11. 遠隔地の地理情報
12. 日本精神
13. ヨーロッパにおける紛争
14. 西欧国家による植民地の歴史

この焚書プログラムは、日本政府によって実施され、廃棄の対象になった図書の撤去は関係都道府県に指示することによって行われた。この仕事には多くの人が関与したが、隠密性はかなり厳密に守られた。そのために多くの日本人はこのプログラムを記憶していない。近年になって、西尾氏がこの件について研究を始めたので、日本歴史の中でこの点に関心を持つものには知られるようになった。⑲

このプログラムは、確かに日本人の歴史学習に影響を与えた。日本人は天皇家が重要な役割を持つ神道を教えられていないし、太平洋戦争の原因についても教えられていない。これらの偏向教育が日本人の自虐史観を助長している。これについては、後に言及する。

七、押し付け新憲法

１９４５年8月にダグラス・マッカーサーが日本に着陸した時に、既に日本の法制度は大きく変革しなければならないと考えていたと思われる。彼は日本の憲法が、米国やイギリスやフランスで認められているような言論の自由や民主主義の原理を保証していないことを知っていた。しかしながら彼は、１９０７年のハーグ陸戦条約が占領軍は被占領国の法律を変更することを禁じていることを熟知していた。そのために、プレス・コードに総司令部が新憲法の作成に関与していることについての報道禁止項目を盛り込んだのである。

江藤淳の『閉《とざ》された言語空間』（１９８９）によれば、マッカーサーは最初、東條の前の首相で、当時副首相であった近衛文麿に草案作成を１９４５年10月４日に依頼したが、その後すぐに取り消した。⑳

そして一週間後の10月11日にマッカーサーは、新しく就任した総理大臣、幣原喜重郎に会い、日本の憲法を市民の自由を拡大する方向で改正することを希望していると伝えた。幣原総理は国務大臣、松本烝治《じょうじ》にそのための調査委員会を作るように依頼した。幣原総理はもともと憲法の改正が必要であるとは考えておらず、調査委員会の役目はまず改正の必要性を検討することであった。しかし、その直後に、日本政府は新しい憲法を作らなければならないことを悟り、10月26日に着手した。内閣は総司令部から頻繁に草案が出来たかとの問いあわせを受け、委員会は1946年2月10日に提出すると答えたが、総司令部が早期に提出を求めるので、内閣は2月8日に「憲法改正要綱」を提出した。

しかし、ダグラス・マッカーサーは総司令部職員の中から選抜した特設チームを作り、新憲法の起草を命じた。彼は3つの原則を入れるよう指示した。

1. 天皇が国家の元首であること。
2. 日本がたとえ自衛のためであっても、戦争を放棄すること。日本国は防衛や安全保障を世界を動かしつつある崇高な理念に頼ること。
3. 日本の封建体制を廃止すること。

総司令部では25人が特設チームに選抜されて新憲法の作成に当たった。その中には5人の弁護士が含まれていたが、憲法の専門家は一人も入っていなかった。日本の伝統や政治体制を知っていたのはたった3人であった。彼らは昼夜を徹して働き、6日と6晩で草案を完成した。

草案は2月10日に完成し、マッカーサーには12日に提出され、微調整の後、同日中に最終案となった。翌13日、総司令部民政局長のホイットニー准将が3人のアメリカ軍将校を連れて、東京の外務大臣公邸に吉田茂外務大臣を訪問し、新憲法草案を渡した。日本側がその草案を読んで要点を理解したところで、ホイットニー准将は、日本の内閣が提出した草案は国民の自由と民主主義の原理を充分に保障していないので連合軍最高司令官は承認できないと告げた。そして、総司令部が作成したものこそが日本国民が待ちに待っていたものであると告げた。

もし日本政府がここに明示された天皇の役割や戦争の放棄を承認しなければ、総司令部は日本政府に対して厳しい措置を取らざるを得ないであろうと述べた。そして准将は、考えている措置は（1）この草案を直接に日本国民に知らせること、またはそれが出来ないのであれば、（2）その後行われる国際裁判において天皇を戦争犯罪人として告訴することであると述べた。しかし、総司令部側は、この草案が総司令部で作られたことを極秘とし、日本政府が作成したと主張することを要求した。㉑

幣原総理には、選択の余地はなかった。天皇の承認を得た後に、3月5日に内閣の承認を得た。

そして天皇は、総司令部の指示に従うほかには道はないと考えた。翌日、内閣はその「憲法改正草案要綱」を政府が作成したものとして公表し、同日、マッカーサーは「完全な承認」を与える旨を宣言した。

新憲法は議会によって７カ月後の10月７日に承認された。その過程においていくつかの修正がされたうえ、天皇は政治的な権限のない国家の象徴となった。しかし、戦争の放棄は厳然として残った。憲法の前文に以下の記述がある。

「日本国民は、恒久の平和を念願し、人間相互の関係を支配する崇高な理想を深く自覚するのであつて、平和を愛する諸国民の公正と信義に信頼して、われらの安全と生存を保持しようと決意した」㉒

この文章は、日本は戦争を放棄するが、他のいかなる国も日本に戦争を仕掛けてこないことを信じているので、日本は存続することが出来、繁栄もすることが出来るという意味である。これはあまりにも理想主義的な考えである。

この新憲法が承認された直後に、北朝鮮が南に侵攻し、朝鮮戦争が始まったのである。日本は直接には影響を受けなかった。しかし、この歴史的事実は近隣諸国のすべては日本のように平和を愛する国ではないということを証明している。新憲法の第９条が戦争放棄を謳っているが、この条文が新憲法の大きな問題となっている。

新憲法が議論されるとき、必ずこの第9条が引き合いに出される。マッカーサー自身は、日本が独立すれば、この条項は破棄ないし修正されるであろうと予想していたが、実は現在でも残っているのである。㉓

しかし、現在、政権を握っている自由民主党は自衛のためには軍事力を行使できる国にすることを目指している。この件は、将来にかけて重大な問題であり続けるであろう。

この新憲法は以前に存在した貴族制度を廃止し、すべての者は法の下において平等になった。さらに、女性を含むすべての成人に投票権があたえられた。新憲法のこれらの措置は女性などに歓迎された。

八、プロパガンダ情報の提供

総司令部は情報規制や焚書などで好ましくない情報が流通しないようにしたが、それに加えて彼ら独自の情報を流布した。まず第一に、日本は連合国に対して侵略戦争をするという罪を犯したので、謝罪が必要であること。第二に、日本は伝統を尊重した国粋主義的な制度から脱却する必要があること。そして西洋の国々が採択している民主主義、自由主義、そして人権の尊重を採択する必要があるという情報を流した。

これが総司令部民間情報教育局の主要な使命であった。そのために彼らはすべての情報手段を動員した。特に真珠湾攻撃の記念日である１９４５年12月８日には、総司令部の指令によってすべての主要新聞は「太平洋戦争の歴史」を10回にわたって連載することが要求された。この歴史は１９４３年に米国の国務省が作成した「平和と戦争」と題する書物から取り出したもので、日本は侵略国家であり、国際法に違反したので、それに対して償いをしなければならないとすることを伝達するものであった。そして、総司令部は、日本政府が使っていた「大東亜戦争」という言葉の使用を禁止し、その代わりに「太平洋戦争」という言葉を使わせた。㉔

この歴史シリーズの新聞掲載は、日本人の自国の歴史の解釈に大きな影響を与えた。㉕

当時日本にはテレビはなく、ラジオ放送は政府が管轄しているＮＨＫだけであった。民間情報教育局は、満州事変から１９４５年の終戦に至る戦争に関わる歴史報道をシリーズで放送することを命じた。このシリーズは「真相はかうだ」と呼ばれ、新聞報道の始まった日の翌日、１９４５年12月９日に始まった。㉖

主要な事件はすべて日本の邪悪な侵略欲から起こったと説明され、日本はその決定の責任を取るべきであると解説された。これらの行為は前に説明した戦争犯罪情報計画（ＷＧＩＰ）の主要な部分である。これらの活動は日本人の戦争開始の責任についての理解に大きな影響を与えた。

その影響力は強烈であった。まず、天皇は戦争開始の詔書にこの戦争は自衛のためのものであることを強調し、戦争開始時に総理大臣であった東條英機は東京裁判において、被告としての証言において太平洋戦争は自衛の戦争であったことを正々堂々と述べた。さらに、占領軍総司令官の職を解かれたダグラス・マッカーサーが１９５１年５月３日に米国上院の軍事と外交の合同委員会で「日本が戦争を始めたのは主に自衛のためであった」と証言したにもかかわらず、未だに日本人の多くは１９４１年に日本は判断を誤って侵略戦争を始めたと思っているのである。㉗㉘㉙

九、教育改革

教育制度改革も前述の戦争犯罪情報計画の精神に従って行われた。教育において、日本が中国や米国を攻撃したことを正当化するものや、日本人の愛国的行為を称賛するようなことは教科書や教授内容からすべて抹殺された。当時は国定教科書を使用していたので、総司令部はそれぞれの教科書のどの文章や文字を削除するかまで詳細な指示を発令してきた。１９４５年の秋と冬には各学校において指令に従い、学級の教師がどのページのどの部分を墨で黒く塗って消去することを指導した。事実、筆者は小学校６年生で、我々は皆、筆に墨を付けて指示された箇所を黒く塗ったのであった。我々は直々に連合軍の教育への影響を受けた世代である。

１９４６年2月4日に、民間情報教育局は、教科書から削除されるべき言葉の基準を公開した。[30]

次の５種類の言葉が禁じられたのである。

1. 天皇を神とか神がかった人、または偉大な天皇と表現すること。
2. 日本領土の拡大または大東亜共栄圏の設立を意味する言葉。
3. 国体、国家、国粋主義、または我が国という表現も含む愛国的表現。
4. 国つくりの神話や愛国的英雄の物語。
5. 神道に関すること。

総司令部の意図は明白であった。彼らは天皇が「現人神」であるという日本人の信仰を消し去り、人々の愛国心を冷却ないし消去し、国家の再生と共に日本国発生の神話との関わりを消去しようとしたのである。

民間情報局が行った重要な行事の一つは「教育勅語」の禁止である。[31]

これは明治天皇の命により井上毅《こわし》と元田永孚《ながざね》が文章を起案し、1880年に発布されたものであり、日本人の教育の基本理念を示したものである。それは伝統的な価値を尊重しながら、キリスト教などの主要な宗教と価値観を共有するものであったが、根本的には、国家の真髄は天皇制にあるとするものであった。この最後の点が排除の理由になったと思われる。しかし、総司令部はそれに代わる道徳基準を与えなかった。日本のように人格形成において宗教の役割が限られている国では、教育における道徳基準の欠如は青少年の教育に悪影響を及ぼす。総司令部から「自由」については学んだが、その自由にまつわる「義務」については学ばなかったのである。

総司令部の教育についての役割で重要なことがもう一つある。それは日教組に対する支援であった。総司令部の初期の政策は社会主義的で、日本が社会主義者に厳格過ぎたと考え、総司令部は当時政府に反抗して投獄されていたマルクス主義者を釈放した。その狙いは、彼らは日本の改革に役立つと考え、労働組合の結成を進めることであり、さらに、教員を聖職者とするのではなく労働者という位置づけで、彼らに教員組合を結成させることであった。この最初の設立時の性格から、教員の組合である日教組は反政府的性格となった。日教組の会員は今でも反国家主義的な見解を持ち、規則に反して卒業式における国家の斉唱にも参加しないのである。(32)

彼らは東京裁判で示されたような自虐史観を持っている。日教組に属している教員の数は減退してきているが、彼らは今でも教育に大きな影響力を持っている。

十、税制改革

総司令部は最初、左傾の職員をかなり抱えていた。そのために、平等化政策を好んだ。この傾向を明瞭に示したのが、所得と相続税の累進性である。戦争直後、累進性の強い所得税が導入された。１９４７年の導入時には、最高税率は75％に達した。その後、それはさらに85％に押し上げられた。１９４９年の高インフレ時に、総司令部は米国コロンビア大学のカール・シャウプ氏を団長とする経済運営調査団を招いた。彼の提言によって、人々の働く意欲を増進させるために、最高税率は55％に下げられた。その後、最高税率はある程度下げられた。蛇足ながら、２０１５年の時点で、40％から45％に上げられた。

所得税の高い累進性に呼応して、相続税も累進的になった。シャウプ調査団は、財閥などの少数者に富が集中するのを避けるために、高率の相続税を勧告した。最高税率は70％に達したが、その後漸次下げられ、２００３年には50％になり、２０１３年以降は55％である。日本のこの税の特色は控除額が低いことである。それは被相続人の数によって決まるが、それが一人の場合には3千万円、5人の場合には1千万円である。米国の控除額ははるかに高額である。

このような平等主義的な税率の結果、日本人は所得や資産保有においてかなり均等化されてきた。日本は1970年代や1980年代においては世界で最も所得配分が均等化された国の一つになった。しかし、それは同時に他の国で見られるような、例外的な慈善事業家がいないということになるのかもしれない。

十一、農地改革

総司令部のもう一つの均等化政策は農地改革であった。小作《こさく》農家の負担を軽くし、土地所有者の権限を削減するために、総司令部は1947年に農地所有についての改革を始めた。農地所有者は6・7エーカー（北海道では27エーカー）以上の所有の農地を、小作人に所定の価格で売り渡さなければならなかった。当時はインフレがひどかったので小作人は大した苦労もなく農地を買い入れることが出来た。その結果、殆どの小作人は自作農家となった。この改革は大農地の所有者には大きな痛手であったが、小作人にとっては喜びであった。これらの農家は一般的に保守的な政治家を支持し、この改革が自由民主党の安定的基盤を作り、数十年の間、政権を維持するのに役立った。

この改革は戦後に行われた貴族制度の廃止、財閥の解体、高累進性の所得・相続税制度などと同時に行われた均等化制度であった。これらの均等化政策の結果は、日本人の均等化であり、１９８０年代には日本人はすべて中産階級だと思うようになった。しかし、その代わり傑出した指導者とか傑出した人材が欠乏してきているともいえよう。

結論――占領政策の評価

既に述べたように、総司令部の占領政策は日本国に対して深淵な影響を与えた。連合国による日本の占領政策は外的な力による国家統制の偉大な実験であったのであり、それは実に見事な成功例である。アメリカにおける占領に対する準備も徹底していた。特に、日本人は上からの指示に従う訓練を受けていたので、与えられた政策には従順で、しかも好んで受領する傾向もあった。㉝

総司令部も占領政策の成功のためには、当時効力のあった国際法を踏みにじることもあったが、巧みに資源配分をして目的を達成した。

その結果は驚異的である。多くの日本人は、日本への民主主義の導入は好ましかったと考え、マッカーサーは戦後日本人が食糧難に直面していた時の救世主であり、さらに自由を与えた偉大な指導者であると多くの日本人はいまだに思っている。そして、日本経済に市場を与えてくれ、日本を軍事的に防衛してくれている米国に感謝しているのである。

しかし同時に、日本の中のある人は、占領政策の結果日本人は独自の伝統と文化を失ったと考えている。米国は日本に対して7年以上絶対的な権限を持っていたので日本人は独立への意志を失い、指針を外部に求める傾向がある。この傾向は国際関係において最も顕著にみられる。現在においても外務省は自身の決定をする前に米国の方針を確認し、無難な決定を選ぶのである。防衛の分野でも同様である。

個人のレベルでも同様である。多くの人は大会社や政府機関で働くことを好み、自分はその大きな機構の部分として貢献することを考える。このような性向は、1960年代から1980年代の経済成長期には適合していたであろう。この時期には、日本は海外から各種の経営や技術の先端的知識を導入する必要があったからである。

しかし、この「追いつき」の時代は終わった。日本は今、最先進国の一つで、世界に好ましい方向を示すことが期待されている。このような状況に日本人はうまく適合しきれないのである。

占領政策のおかげで日本人は自虐的なままである。日本人は国際関係において深刻な過ちを犯したので、防衛に関しても慎重でなければならないと考えるのである。安倍政権が２０１５年の夏に、現在の憲法においても集団的自衛権が可能であると表明した時にも、躊躇したのである。ある日本人や団体は、現在のように近隣諸国によって安全が脅かされ、領土が侵されようとしている時にも、憲法第９条の御旗のもとに「戦争の放棄」が平和を保つ最善の方法であると主張し続けているのである。

このことを私は、近年日本が嵌《は》まった第二の罠《わな》であると呼んでいる。この問題の重要性は日本が１９９０年から20年の失われた期間を持ったことに表れている。それは経済的にも政治的にも停滞した期間であった。この20年の間に日本人はすべてのことに関して自信を失ったのである。その期間の始まった時には日本は世界で第二の経済大国であったのに、今では中国に追い抜かされている。経済はデフレに悩まされ、世界の先端を行っていたソニーは、アップルやサムソン電子の後塵を拝している。１９５５年から政権を掌握していた自由民主党は１９９３年の選挙で政権を失った。そのあとでは、総理大臣は一年で交代する現象が続いた。

そしてやっと２０１２年の総選挙の結果、安倍晋三が長期の政権を担う兆候が見えてきた。安倍政権は第二次、三次、四次と続き、現在に至る。

○注

①山村（2014）p.19
②山村（2014）p.20
③福田康夫の記者に靖国神社への参拝について質問されたときの答え。この件は当時の新聞に報道されている。
④外務省のウェブサイト参照。https://www.youtube.com/watch?v=HLUpd7awdy0
⑤この裁判は最初は2014年2月20日にロサンゼルスの連邦地方裁判所に提訴された。原告はミチコ・ギンカリー、目良浩一とGAHT-US コーポレーションである。その後カリフォルニア州の裁判所にも同様のものが提訴された。目良浩一『アメリカに正義はあるのか』ハート出版（2018）参照のこと。
⑥MSN Sankei News Digital Version, 2015年8月12日。
⑦Sankei News Digital Version, 2015年5月23日。
⑧山村（2014）p.18
⑨関野（2015）pp.37－41
⑩Baerwald（1959）p.1
⑪例えば Burton（1970）p.358, Borthwick（1992）p.210
⑫江藤（1989）pp.237－241
⑬朝日新聞は1945年9月15日と17日に総司令部に批判的な記事を掲載した。その結果、同社は9月18日から二日間、新聞の発行を禁じられた。この事件は朝日にとって極めて重大な衝撃であった。最初の問題記事は「原爆の使用は国際法違反である」とする鳩山一郎の言明であり、二番目のものは日本軍が暴行を働いたとする総司令部の声明に疑問をさしはさむものであった。詳細については、江藤（1989）pp.187－188参照。
⑭朝日新聞は2014年8月5日と6日の記事で、1981年からの慰安婦についての報道に誤りがあることを認

めた。その主な点は、吉田清治の『私の戦争犯罪』（1983）の内容が１９９２年から信憑性に重大な疑念があったにもかかわらず、歴史的な事実であると報道したことである。朝日新聞は信用の厚い新聞であったから、その掲載によって日本軍は戦時中に重大な人権侵害を行ったと信じられた。２０１５年の日韓合意までの韓国の慰安婦に関する考えはこの朝日新聞の報道によって形成されたと思われる。Mera（2015）pp.48−51 参照

⑮西尾（2008）補論 pp.1−2
⑯西尾（2008）p.24
⑰西尾（2008）p.17
⑱西尾（2008）pp.18−30
⑲西尾はこの件について研究を開始し、２００８年に最初の図書を出版し、その後『ＧＨＱの焚書図書開封』として12冊を出版している。
⑳江藤（1995）p.26
㉑江藤（1995）pp.25−42
㉒憲法は１９４６年11月３日に採択され、１９４７年５月３日に施行した。
㉓江藤（1995）p.43
㉔高橋（2014）pp.86−87
㉕関野（2015）p.42
㉖関野（2015）p.42
㉗補論Ａにある１９４１年12月８日の宣戦布告詔書参照
㉘補論Ｂにある１９４７年12月19日の東京裁判における東條英機の証言参照
㉙補論Ｃにあるダグラス・マッカーサーの１９５１年５月３日の米国上院軍事・外交合同委員会での証言参照

(30)高橋（2014）pp.149–150
(31)総司令部は「教育勅語」の使用を禁じた。新憲法の作成と同様に、総司令部は口頭で指示を与えただけであり、政府はそれを受けて議会で決議をしたのである。高橋（2014）pp.155–158
(32)高橋（2014）pp.152–155
(33)実際の占領が始まる以前に準備がなされたことはJanssens（1995）参照

第7章
大東亜戦争が残した遺産

戦後の二つの潮流

第二次世界大戦で日本が降伏し、連合軍が日本を占領した1945年以降の動きを、一方では、自由と民主主義を表では標榜しながら実は世界制覇の覇権を求めるアメリカを代表する連合国側の潮流として捉え、もう一方では、その大きな潮流に見え隠れしながらも世界において独自の貢献をする日本の動きとして捉えることで、それが世界に与えた影響を考えてみよう。

アメリカによる覇権の確立

第二次世界大戦の終結によって、世界は大きく変化した。米国の世界的支配は確立し、次いでソ連邦が大国として米国に挑戦することになった。勝つことは勝ったが、大英帝国の権威は衰退し、フランスも外国に進出する余裕はなく、自国の復興に専念した。敗戦国のドイツ、イタリアと日本の将来は、すべてにおいて戦勝国の意志によって決められた。戦勝国は、日本とドイツが再び軍事的に挑戦出来ないように、米国の軍隊を駐留し、その軍備を制限、監視した。さらに国際軍事裁判をドイツと日本で行い、戦争を引き起こしたとされる個人を被告として国際軍事裁判と称する法廷を開き、被告に有罪の判決を下した。

戦後世界において米国は、ソ連邦の挑戦を受けて冷戦を長く戦ったが、覇権を守り、その優れた経済力と軍事力、特に卓越した核兵器の力によって他国の攻撃を抑止し、その効力により、大きな戦争は起きていない。アメリカによる世界平和の時代であるとして、パックス・アメリカーナの時代と呼ばれる。

国際連合とブレトンウッズ体制の確立

このパックス・アメリカーナを支える機関が、１９４５年６月に設立された国際連合とその前年に設立合意がなされたブレトンウッズ体制である。国際連合は米国と英国が主体となって、機能不全になっていた国際連盟に代わるものとして設立された。これには、ソ連や中華民国などの連合国も参加した。しかし、注目すべきことは、米国は本部をニューヨークに設置し、この機関をあたかも自国のもののごとく、米国の都合の良いように使ってきていて、現在に至っている。

これは、日本における認識と明らかに異なっている。日本では神聖な全世界のための機関であると考えられているが、それは大きな誤認である。その実体は、連合国が連合国のために設立した機関であるのだ。国連憲章の条項には未だに日本もドイツも敵国として明記されたままであることを忘れてはならない。

さらに、世界経済の安定と成長を助けるために国際通貨基金と世界銀行が設立された。これらの機関は、米国における会議で合意された組織であるために、その会議の地名を取ってブレトンウッズ体制と言われている。前者は、通貨と為替相場の安定を図り、それによって円滑な貿易が行われることを狙ったもので、後者は、低開発国に開発のたの融資を有利な条件で提供するもので、両者はともに戦後世界の経済の発展と安定を目指すものであり、世界経済に対する資本主義的な対処方法であった。

そのために、ソ連およびソ連圏の諸国は長い間その体制に参加しなかった。これらの機関は、時にはかなりの批判を受けながらも、おおむね健全に機能し戦後世界の経済の繁栄に貢献した。

核兵器の戦争抑止力

第二次世界大戦は、核兵器の爆発によって終了したが、核兵器の出現は戦争に対する各国の態度を一変させた。特に、双方共に核兵器を所有していると思われるときは、自国が攻撃すれば、同様の仕返しが来ることを覚悟しなければならない。従って、容易に核ミサイルを発射するわけにはいかなくなったのである。戦後間もなく、ソ連も原子爆弾製造技術をアメリカから盗んで開発に成功し、米国と並んだ。同列になることで、ソ連が共産主義で、周辺国を軍事力で支配している好ましくない国であったと考えたとしても、原爆で制裁するわけにはいかなくなったのである。それ相応の仕返しが来るからである。この核兵器の戦争抑止力によって、戦後には大規模の戦争が起こらなかった。起こったのは朝鮮戦争、ベトナム戦争や湾岸戦争のような局地的な闘いであり、これらの局地的戦争は色々な場所で起こってきたが、それらに対しては核兵器は無力であった。その多くがアメリカ、ソ連の代理戦争でもあった。

現在では、ほぼすべての西欧の大国が核兵器を所有している。さらに中国、インド、パキスタン、イスラエルも所有していることが明らかである。他に、イランや北朝鮮も所有していると見られている。しかし、このような核兵器所有国が増加するにつれ、米国をはじめとする以前の戦勝国があせりを感じ始めている原因は、他でもない彼らの優位性が損なわれるからである。しかし、この傾向を阻止することは容易ではなく、核兵器の保有は確実に拡散してきている。

ソ連のアメリカへの挑戦と崩壊

第二次世界大戦の前から戦時中にかけてソ連は、コミンテルンなどを使い、非常に巧妙に目的を達成してきた。中国の蒋介石率いる国民党と日本軍を戦うようにさせて、毛沢東率いる中国共産党の立場を有利に持っていき、一方ではアメリカと日本を戦わせて、双方の力を弱体化させた。

そして大東亜戦争の最終段階で日本に宣戦布告をし、日本の降伏がもう少し遅ければ、北方四島以上に日本の主要な部分を占領することにも成功していたのではないだろうか。

Ｆ・ルーズベルト大統領が、対日戦に必勝を期すためにスターリンの協力を求めたために、戦争終了時におけるソ連の地位は極めて有利であった。もし、アメリカによる原爆投下がなければ、日本はソ連によって分割されていたであろうと言われている。そこで米国の力で日本を降伏させたことを明白にするために、トルーマン大統領は日本に対する原子爆弾の使用を命令したとする強力な説がある。①

それにしても、続けて長崎にまで落とす必要はなかった。広島型（ウラニウム）と長崎型（プルトニウム）の違いによる成果を確かめたかっただけのことだ。

ソ連はコミンテルンのスパイを使って、原子爆弾作成の秘密をアメリカから盗み、早い時期に原爆を完成させた。②

しかも、独裁政権の威力を発揮して、軍事力に資源を集中させることが可能であったので、軍事力を急速に増強し、軍事大国になって、米国に挑戦した。

１９５０年には、北朝鮮を韓国に侵攻させ、対して米国は国連軍を動員して防戦し、やっと北軍をもとの国境線近くに押し戻すことができた。この時の米国軍の司令官、ダグラス・マッカーサーは、原爆を使用することを提案したとされているが、トルーマン大統領はこれを却下し、交渉によって戦闘状態を終結した。その後は、双方ともに原爆の使用を控え、「冷戦」の状態が長く続いた。

米国は、ソ連に対する封じ込め政策を採用し、太平洋圏に関しては、共産化した中国を囲む自由主義陣営の国々を経済的に軍事的に支援し、共産主義の拡大を阻止するように行動した。日本は、その便益をもろに受けた。戦後まもなくの日本の復興は朝鮮戦争の特需で加速された。また、米軍が占領時から引き続き駐留し、日本の防衛を担うことにより、米国からの経済援助も受け、それによって経済の回復を早めることができた。その他にアメリカは、南ベトナム、タイ、インドネシアなどにかなりの経済的援助を行い、共産主義進出の防波堤にしたが、南ベトナムに関しては、長い戦争の末に、共産主義国の北ベトナムに統一されたことはよく知られた事実である。

この冷戦の初期には日米両国の重要な政治的決定がなされ、今日でも両国はその影響を受けている。朝鮮戦争発生（１９５０年）を機に、アメリカは日本の再軍備を望むようになった。ソ連による日本の共産化を防ぐためである。アメリカは日本を冷戦における資本主義陣営の防波堤として利用する方針であった。そこで早期の独立を求める当時の総理大臣、吉田茂とアメリカ政府との真剣な交渉があり、吉田首相は、軍事費を出すだけの余裕は未だないと判断し、米の駐留を継続させ米軍が日本の安全を保障するという条件をつけて、米国に日本の独立を認めるように説得した。1951年9月8日のサンフランシスコ講和条約の締結であり、翌52年4月28日の条約発効、すなわち日本の独立となった。③

しかし 未だに日本は米国軍の駐留を許している状態であり、厳密な意味での独立を勝ち取っていない。だからといって吉田茂の判断が間違っていたわけではない。あの時点では、それは懸命な取引であったであろう。問題はその後、日米安保条約改定時などにおいて、日本が軍事同盟は可としても駐留は拒否するという強い意志を示さなかったことである。

この冷戦は、1989年のベルリンの壁の崩壊によって、あえなく終わりを告げる。1991年には、ソ連邦が解体して、ロシアとソ連邦内にあった多くの国々が独立国となった。資本主義による経済運営の優越性とアメリカの国防努力の成果であった。これで、アメリカの覇権は挑戦者を失うことになり、2008年のアメリカに起源を発する経済危機までは、米国を中心とする一極の世界であったといえよう。

新しい覇権争奪戦

現在の状況は流動的である。この経済危機で損害を蒙ったのは、アメリカのみならず、世界のすべての国である。ロシアや中国もかなりの被害を受けた。ロシアの場合には、石油価格の下落が大きな要因である。中国は、輸出需要の減退で以前のような高成長は期待できなくなってきている。すでに、不動産バブルの崩壊が始まっているとの報道も出てきている。ある評論家は、アメリカの覇権は終了し、ドルの価値は暴落すると唱えている。米国では不況が長引き、失業率が高止まりしている。しかも、民主党と共和党は、党利、党略を優先するあまり、国家の政策を混乱させ、世界での指導的な役割を果たせない状態になっている。

しかし、中国の台頭には注目を払う必要がある。中国は軍事力も経済力も極めて強化され、国際交渉力も良好で、アジア・太平洋圏における覇権を狙っている。その中国に対して、アメリカは経済的には協調の姿勢で対応しているが、中国の近隣諸国への軍事的な圧力に注意を払い始めた。経済規模で世界第二位にあった日本は、今や中国にその地位を奪われ、政治的な指導力の欠乏も加担して、世界における影響力を著しく減退させてきている。

すなわち、アメリカとしては今や日本の重要性は大幅に減退してきている。東アジアの友好国としては、韓国の方がすべてに積極的であり、交渉しやすい。核兵器を持つ北朝鮮とは何らかの関係を設定して安全を確保する必要があるが、それを持たない日本に対しては、反米にならない限り放置し、時に世界的問題に対して寄付金を献納する役割を果たしてくれれば良しとする程度にしか考えていないのではないだろうか。

日本の復興と成長

一方、日本の方はどうか。前章で見てきたように、アメリカを中心とする占領軍の政策は徹底していた。以前の指導者を排除し、連合軍などに対する批判などを徹底的に禁止する言論統制を敷き、日本の戦前の文化を否定、排除して、アメリカに都合の良い歴史観を押し付け、日本が二度と再びアメリカに刃向かうことがないように洗脳した。

新しい教育では、アメリカは日本人を軍国主義的独裁者からの解放者であり、戦時の被害に対する賠償も要求しないし、むしろ食料や経済援助を与える寛容な国であるとされた。この米国の考えは、東京裁判の判決結果によって、明確に世界史の一ページに、日本の不名誉な記録として残ってしまっているのである。日本国は、「平和に対する罪」を犯し、その指導者は有罪に処せられた。ところが、そのような罪名は国際法には存在しなかったのであるが、敗戦国日本としては、そのような無理強いに抵抗できなかった。

1952年に主権を回復した日本は、外交に関しては、米国に首の根っこを押さえられたままで、単に米国に追従し、経済の復興と成長に専念することになる。冷戦が始まり、アメリカは日本に再軍備を要求したが、当時の首相吉田茂は、日本には経済復興の方が優先すべきであるとしてそれを断り、経済の面に専念した。この「ヨシダ・ドクトリン」によって、日本は経済復興に成功し、さらには冷戦が幸いして、日本の経済の成長には目覚しいものがあった。具体的な例としては、1950年に始まった朝鮮戦争において日本がかなりの物資を米軍に供給し、その「特需景気」によって、経済が急速に回復したことが挙げられる。

1960年代の経済成長は10％に達し、それは、それまでに人類がなしえなかった驚くべき高度経済成長であった。もちろんその成長は、米国や世界銀行の支援だけによるものではない。それ以上に、日本人の血のにじむような努力があったことを忘れてはならない。今の中国の大発展も2桁の伸びを示したが、あれは莫大な外資によるものであって、当時の日本と比較すべき性質のものではない。

特に、大正生まれの人々の努力なくしてはこの偉業はありえなかった。当時の日本人は、共通の目的を持って献身的に働いた。経済を成長させることを国民が共通の目的として、皆が一致して働いた。戦時中に、国民が一致団結して国家目標に向けて努力をしたのと同じように、経済成長を目指して努力したのである。今では、省益庁益しか考えないとされる官僚も、当時は国家経済を強化するために日夜働いた。当時、経済成長に国全体が邁進できた裏には、防衛に資源を使う必要性があまりなかったことと、米国が市場を開放してくれたこともあるが、戦時に培われた忍耐力、献身的意欲がそれを可能にした大きな要因である。

日本は、国際通貨基金と世界銀行を創設したブレトンウッズ体制に、対日講和条約が発効した直後の１９５２年に参加し、多大の便益を得た。戦後初期の電力、鉄鋼、自動車などの基幹産業の育成や、高速道路や新幹線などの大規模公共事業は、世界銀行の融資によって実現可能になった。世界銀行は、融資するのみならず、事業計画とその運営にもかなり緻密な指導を行い、片や日本は、よき生徒としてその専門家の忠告を受け入れ、抜群の成績を上げたのである。

１９６６年には、日本は立場を変えて、融資を受ける方から資金を供給する国になった。日本は再び大国の仲間入りをし、世界の低開発国の支援をする立場になった。その後は、巨大なる資金の供給国として、開発途上国の発展に貢献し続けている。特に、１９８９年には米国を抜いて実質で世界第一の援助供与国となり、１９９３年から２０００年までは世界第一の地位を確保した。

しかし、国内においてはその期間こそが「失われた10年」または「20年」といわれている時期で、日本経済が活力を失い、日本の指導者が先見の明を持っていなかったことが暴露した時期であった。経済的停滞に伴って供与額は低下し、２００７年には米独仏英の後塵を拝する５位に後退した。すぐに仏を抜くが２０１６年でも４位止まり。④

アジア・アフリカ旧植民地の独立

世界の列強といわれた大国が第二次世界大戦の結果疲弊し、戦後の復興などに囚われていた時期に、世界のその他の地域では極めて注目すべき事象が発生していた。アジアやアフリカの旧植民地が、先を競って次から次へと独立したことである。幾世紀からの念願であった独立を果たしたのである。

179頁の表は、１９４５年から15年の間に独立した旧植民地のリストである。日本軍が戦った太平洋・インド洋地域の植民地は、戦後10年以内にほぼすべてが独立を達成している。唯一の例外は、マレーシアであるがそれも１９５７年には独立した。これらの国が独立できたのは、日本との戦いによって支配国である欧米列強が疲弊したこともあるが、日本の列強に対する強さを見て、アジアやアフリカの各民族が自信をもったこと、さらには日本の敗戦後も各国の独立軍の指導者として残った日本人の将校たちがかなりの数いたことである。彼らの力によって独立軍が組織され戦術を覚え、それによって独立に至った国は多い。

大東亜戦争によって白人神話は崩壊したのである。これらの見解の表明は数多くの記録に残っている。例えば、タイ国の元首相、ククリット・プラモード氏は、1955年に元タイ駐屯日本軍司令官であった中村明人《あけと》陸軍中将が国賓待遇でタイに招待されたときに、最もタイ国で権威のある「サイヤム・ラット」紙に以下の歓迎の言葉を述べている。⑤

「日本のおかげで、アジア諸国はすべて独立した。日本というお母さんは、難産して母体をそこなったが、生まれた子供はすくすくと育っている。今日、東南アジア諸国民が、米・英と対等に話ができるのは一体誰のお陰であるのか。それは身を殺して仁をなした日本というお母さんがあったためである。12月8日は、我々にこの重大な思想を示してくれたお母さんが、一身を賭して重大な決心をされた日である。われわれは、この日を忘れてはならない」

また、フィリピンの歴史研究家のディソンは、その著書に次のように書いている。⑥

「1941年12月8日に、私の目の前でアメリカ軍のクラーク飛行場が日本軍の爆撃によって破壊されたのは大きな驚きでした。それよりもさらに大きな衝撃だったのは、1942年にバターンの戦闘に敗れたアメリカ兵の捕虜達が両手を上げ、アメリカ兵よりずっと小さい体の日本兵に銃剣を突き付けられているところを見た時でした。私はすぐにはその光景を信じることが出来ませんでした。しかしこの時こそが、フィリピン人が民族主義に目覚めたとても重大な時だったのだと思います。フィリピン人は初めて、自分達アジア人が白人を打ち負かすことが出来るのだと

植民地の独立年表：1945年から1959年まで

独立年	独立国	旧宗主国
1945	ベトナム	フランス
1946	シリア	フランス
	ヨルダン フィリピン	イギリス アメリカ
1947	インド パキスタン	イギリス イギリス
1948	スリランカ イスラエル ビルマ 朝鮮人民共和国 大韓民国	イギリス イギリス イギリス ソ連占領 アメリカ占領
1949	インドネシア	オランダ
1951	リビア	イタリア
1953	ラオス	フランス
	カンボジア	フランス
1954	北と南ベトナム	分割
1956	スーダン	エジプトとイギリス
	モロッコ	フランス
	チュニジア	フランス
1957	マレーシア	イギリス
	ガーナ	イギリス
1958	ギニア	フランス

出典：外務省ホーム・ページ「各国地域情勢」

いうことに気がつきました。私自身がそう感じ、周りの大人達もそう言っているのを聞きました。特に、クラロ・レクト、（後に大統領になった）ホセ・ラウレル、ラファエル・アルナンといったフィリピンの指導者にとってはそうだったのでしょう。彼らは直ちに日本を賞賛しました」

日本に学んだ東アジア諸国の急成長

経済成長に関しては、世界における日本の果たした役割は大きい。1950年代から60年代にかけての日本の急成長は、近隣諸国に大きな影響を与えた。日本の当初の経済成長には次の要因があった。(1)政府指導の資源配分、(2)廉価な労働力を利用した輸出振興による所得増大、(3)政府主導の輸出市場開拓、（4）経営者と労働組合の協調である。

この方式は、その後多数の新興国に採用された。最初にこの方式で成功したのが、朴大統領率いる韓国であった。韓国は、公式に日本をモデルとしたことを認めることはないであろうが、その影響は明白である。⑦

1960年代から始まる韓国の急成長は輸出産業の振興によるものであり、これによって韓国はより高い成長率を達成した。北からの脅威と日本との競争意識をバネにして、懸命の努力をした結果である。日本の戦時中のように、多くの人は休日を返上して働いた。⑧

次いで、香港とシンガポールである。香港の場合には、政府の役割はそれほど大きくはなかったが、シンガポールの場合には明確な政府の計画と指導があった。台湾の経済成長も著しかった。それには、日本が残した物的、精神的な遺産がかなり貢献した。台湾の著名な実業家の許文龍は、日本の遺産とは治安の向上、衛生状態の改善、発電所などを含むインフラ整備、教育の普及であるとして、精神的な面がかなりあると主張している。⑨

そのほか、タイ、マレーシア、インドネシアなども、１９７０年以降は見事な経済成長を記録している。特にマレーシアの元首相、マハティールは、明確に「Look East」（東に習え）の標語で、彼の政策を表現している。この場合の東とは、日本のことである。彼は長く、マレーシアの首相をやり、アジアの人たちにかなりの影響を与えた偉大な指導者であり、２０１８年に同国の首相に92歳で復帰した超人的人物である。

しかし、近年彼は、いつまでも日本に本格的リーダーが出てこないので、だんだんと愛想をつかすようになった。中国が台頭し始めたときも、彼は東アジアにおいては日本がリーダーとして出なければならないと言い続けた。⑩

しかし、アジアの経済危機の直後に日本円を中心としたブロック経済を作ろうとした日本に対するアメリカの強い反対で潰されるなど、日本のリーダーたちの指導力の無さを嘆いた。

世界銀行は1993年に、『東アジアの奇跡』という本を出版した。この本は戦後、東アジアの国々が驚異的な経済成長を成したことに注目して、その要因を探り、解明したものである。⑪

事実、1960年から1985年の間に、最高の一人当たりの総生産の成長率を達成したトップ・テンに東アジアの国が6カ国も入っているのである。それは日本以外では、台湾、インドネシア、香港、シンガポール、韓国であり、マレーシアとタイは少し順位を下げるが、20位以内に入っていた。この研究は人的および物的な資本の蓄積が高成長の主な要因であったとしているが、日本が以前から教育に重点をおき、旧日本領においても教育を広く普及したこと、また基礎的なインフラストラクチャーをかなり整備したことに留意するべきであろう。さらに、戦後の援助政策においては、東南アジア諸国のインフラ整備に日本が相当の努力をしたこともそれらの国の成長を後押ししたと認めるべきである。

それでは最近の中国やインドの経済成長はどうであろうか。直接には日本の経験を踏まえているとは言えないにしても、中国の場合は、政府の計画の下に大規模プロジェクトが進んでいる。その面では、日本をモデルにしているともいえよう。また、輸出の増進が成長の大きな要因であることも同じパターンである。急速な経済成長を遂げた日本の姿は、アジアの各地に程度の差があるにせよ、採用され、それぞれの国民に自分の力に対する自信を与えてきていると思われる。

防衛への思考を停止した日本

一方、防衛においては、日本は独立後も相変わらず米軍に依存し、米軍は日本の基地を資本主義圏の防衛のために使用している。当初は、日米安全保障条約は、不平等条約の色彩が濃かったが、岸首相が１９６０年に改正し、日本を防衛することが米軍の義務であることを条約に盛り込んでからは、日本人は自国の防衛を忘れ、経済成長に専念し始めた。

しかし、日本はアメリカの核の傘の下ではあるので、攻撃に対する抑止力は一応あるものの、条約に基づくアメリカの防衛義務がどの程度に効力を発揮するかは、今のところ明らかではない。ミサイル防衛の技術はあるが、その効力は信頼できるところまでは行っていないとされている。北朝鮮がもし核兵器で日本を攻撃して来たならば、自国の都市が同じような兵器で攻撃される危険を冒してまで、米軍が核兵器で応戦するであろうか。この問題は真剣に考える必要がある。

従って、日米安保条約があるから、日本は防衛を考えなくても良いとする発想は、まことに危険な考えなのである。日本が核兵器を持つべきかどうか、このような国の基本にかかわることを議論すること自体がタブーであることは、まさに異常な状態であり、マッカーサー元帥の呪縛がますます力をつけて日本人を束縛しているのである。特に北朝鮮からの核の脅威が現実となっている今、危機感を持って真の防衛論が交わされるべきである。

プラザ合意の善意を仇で返された日本

戦後は、アメリカに「追いつけ、追い越せ」が合言葉となり、官民が一体となって経済に集中した。通産省は、その時期に応じて成長部門を選定し、重点的に投資資金を配分した。日本は1973年のオイル・ショックを石油の効率利用によって比較的損害を軽微に抑えて切り抜け、1980年代の黄金の10年を迎えた。一人当たり所得はたゆまなく上昇し、米国の水準を凌駕し、世界のトップ・レベルに躍り出た。これが日本の戦後社会の頂点であった。そして当時は、21世紀は日本の世紀であるとも言われた。⑫

しかし、日本の政府も政治家も、この国のアキレス腱に気付いていなかった。アメリカには、戦略的思考力があった。1985年に貿易赤字に悩む同国は、経済力旺盛な日本とドイツのほかに英仏の財務の責任者を集めて、ニューヨークのプラザ・ホテルで会合を開き、アメリカの問題を解決するために、円とマルクを米ドルに対して切り上げることを約束させた。いわゆる「プラザ合意」である。

日本はアメリカを助けるために、すなわち、善意でその提案に合意したのである。その結果、円の対ドル・レートは一年以内にほぼ倍増した。円の強化によって急激に資産の増えた日本の企業や個人は、国内や海外、特にアメリカの不動産に投資して、土地バブルを起こした。日本企業は、ペブル・ビーチ・ゴルフコースやロックフェラー・センターなどのアメリカの有名物件を買いまくった。

アメリカ人は、日本人が通常の倍近い価格で取得するのを忍耐をもって注視しつつ、過剰投資によって没落するのを待った。国内では、大蔵省と日銀がバブル対策に乗り出し、１９９０年には地価が下降し始めた。急激な変化であったために、巨額の融資を抱えた企業は立ち往生し、その結果、銀行は多額の不良債権を抱えるようになって悩み、株価は暴落し、経済は停滞した。商業地区の地価は、場所によっては90％以上の価値を失い、住宅地でも50％以上の損失も珍しくはなかった。[13]

その時点から、日本の「失われた10年」が始まるのであるが、それは10年では止まらなかった。日本の得意とする経済においても日本は失敗し、所得水準も相対的に低下してきた。このプラザ合意は日米関係がもっとも良好であるといわれたロン・ヤス関係を誇った中曽根首相の時になされたものである。この良好な国際関係の下で、日本は再び敗れたのである。今回は経済戦争であったが。この問題に関して大森実は、日本に戦略的思考がなかったことが失敗の原因であるとしている。⑭

善意だけでは国際問題は解決できない。何時いかなる時でも戦略的思考が最も必要なのである。

日本の近隣諸国との関係

連合軍が日本を占領していた期間に、日本国民に強制的に教えたことは、日本が朝鮮や中国に侵略し、さらにフィリピンやインドネシアなどの国を制圧し、それらの人々に多大な苦難を与えたという筋書きであった。これは東京裁判によって歴史に残された。

このような観点は、中国や韓国の独立運動家の見解に良く符合する。彼らは、日本を悪者にして愛国心を盛り上げ、民族の団結を固める道具とする。この方法はまことに効果的で、これらの国々では、学校教育で日本の悪事をことさらに取り上げ、間違った日本観を若い人に植え付けるという反日教育に余念がない。

一方、日本の方でも、かなりの人は東京裁判史観（自虐史観）から抜けきれず、日本は20世紀の前半に近隣諸国に多大な迷惑をかけたと信じている人もかなりいるのが実情である。１９９５年に戦後50周年記念として発表された「村山談話」の主、村山元総理もその一人である。この素朴な首相もＧＨＱの『眞相箱』に直接洗脳された一人である。

そのために、中国や韓国から日本の中学校などの教科書の記述に文句が付けられたり、日本の総理大臣が靖国神社を参拝することに批判が出ると、日本側は謝意（お詫び）を表することが多い。日本政府の政治的決定の中には、１９８２年の宮澤官房長官の談話を基にした「近隣諸国条項」というのがあり、たとえ真実でも、近隣諸国の人々の憤慨を誘うような事柄は、教科書に記述しないことになっているのである。すなわち、教科書に、「虚偽を記述せよ」と政府が決定しているのである。

このような日本政府の態度は、具体的に領土問題に関する日本国政府の優柔不断さにも見られる。竹島を韓国に実効支配されても、日本政府は動けないのである。尖閣諸島の領有権もその海底にある膨大な天然ガスも中国に吸収されてしまいそうな状況にあるが、日本国政府は、中国政府が「後で議論しましょう」というと、何も出来ずに沈黙してしまうのである。その間に中国の尖閣諸島の実質支配が着々と進み長期化する危険性がある。日本政府の断固とした領有権の主張が必要なのである。

また、長崎県の対馬には現在、韓国人が急激に増えてきているが、日本政府の優柔不断さにつけ込んで、韓国が領有権を主張しかねない状態にまでになっている。北方四島はロシアに領有されたままで何の変化も起こりそうにない。中国政府の政策は領土拡大であるから、台湾の併合に向けての政策を展開している現状を鑑みれば、沖縄の併合も視野に入っていることであろう。⑮力の外交ができない日本は、だんだんと縮小された領土に閉じ込められることになる運命がそこまで来ているのである。

このような状態の中で、民族間の真の理解が深まることは、期待できない。日本を含めて、アジアの人々が虚偽の歴史を抱えて将来に進もうとしているのである。中でも、日本人は侵略の経験のある、残酷で自己中心的で、隙あらば他民族を抹殺してでも自己の欲求を満たす民族であると考えられているのである。このような真実から程遠い日本国像、日本人像に対して、日本人は明確にその見解を表明して、改善に向けて努力すべきである。

すでに見てきたように、このような日本人の国家観ができたのは、一つには、マッカーサー元帥の日本占領の際の策略のためである。そこでは、東京裁判の判決に見られるように、日本は侵略国家であったし、日本兵は残酷であったとしている。このような日本に対する歴史観は、アメリカ人のヘレン・ミアーズが戦争直後の著書に明瞭に書いているように、誤った日本観なのである。⑯

筆者ミアーズは、アメリカこそが日本に難しい難題を課して日本を窮地に陥れたのだと主張しているのだ。まさにその著書はＧＨＱの占領政策を厳しく批判する正論であったために、その当時、日本での出版は禁止された。占領目的を遂行し、日本を円滑に支配するためにマッカーサー元帥が導入した日本観や日本の歴史観は実は間違っていたのである。彼の日本人観を代表するものに「日本人12歳発言」がある。⑰

その解釈は確定していないが、日本人を軽蔑していたことを示す典型的な白人の発言である。このような先入観を離れて、日本人はよく歴史を客観的に学習し、認識を改める必要がある。さすがのマッカーサー元帥も、昭和天皇との会見では認識を大幅に改めている。彼の1945年9月27日の謁見における天皇の発言に、彼は深く感激した。すなわち、

「私は、国民が戦争を遂行するに当たったすべての決定と行動に対する全責任を負う者として、私自身をあなたの代表する諸国の採決にゆだねるために、お訪ねした」

そう仰せになった陛下の発言を聞き、陛下の姿を目のあたりにして、マッカーサーはこれぞまさしく君主としてあるべき姿であると、後の回想録に記している。

「私は大きい感動にゆすぶられた。死を伴うほどの責任、それも私の知り尽くしている諸事実に照らして、明らかに天皇に帰すべきではない責任を引き受けようとするこの勇気に満ちた態度は私の骨の髄までも揺り動かした。私はその瞬間、私の前にいる天皇が個人の資格において日本の最上の紳士であることを感じ取ったのである」⑱

こうした事実からも分かるように、人種差別とは何らかの些細な要因による偏見に基因することが大方であり、心底からの差別ではないのである。日本国は米国の国策のために、国際法を無視した極東国際軍事裁判で「侵略国家」の烙印を押されたのであるが、すでに第5章で見てきたように、この裁判は、勝者が敗者を制裁する儀式に過ぎなかった。その判決は良識を持った人々には納得できるものではなかったことは言うまでもない。

冷徹に偏見を捨てて認識を改めることにより、次の段階では、それを世界に認知させる必要がある。特に近隣諸国との関係は、正しい歴史の認識に基づくものにしなければ、永続するものにはならない。「正しい認識」とは、こちら側の主張も相手方に伝え、相手方の解釈にも耳を傾け、多くの条件を加味した上で認識の合意点や違いを検討すると共に、認識の違いの原因を究明していくことによって達成される。

世界から好意的にみられている日本

1945年に第二次世界大戦が終了し、パックス・アメリカーナが始まった。それ以後70数年になるが、原爆が使用されるような大きな戦争は起きていない。また、以前は列強の植民地であった地域も、殆どが独立国となった。従って、全体としてはより好ましい状態になったと考えられる。経済的にも、各国の所得水準は飛躍的に上昇し、科学技術の進歩とともに、平均寿命も著しく伸びている。

ただし、問題がなくなったわけではない。この一見平和な世の中で、日本は主に以前の連合国などから罪悪国として見られていたのであり、今でもその意識が払拭されていないのである。少なくとも日本を罪悪国として教育をしていた国々は、アメリカ、カナダ、オーストラリア、ニュージーランド、韓国、北朝鮮、中国、イギリスやオランダといったところであり、それ以外の国から日本に対して批判的な声を聞いたことはない。

北欧、東欧や南欧、中南米やアラブ、アフリカなどからはそのような見解は出てこない。むしろ好感を持たれているほどである。つまり、これらの国々では日本について敵対的な教育がされていないからである。

たとえば、フィンランドでは、日本人がロシアを打ち負かしたことにより独立を勝ち取っており、それによってむしろ日本賛美の内容の教育がされていたりもする。トルコにおいては日本人を善人として教えている。アラブ諸国においては、日本に対する敵愾心はないどころか、むしろとても好意的である。東欧諸国も同様である。中南米にいたっては嫌米意識が強く、そのような米国と戦った日本に対する嫌悪の声は聞こえてこないどころか、とても親日的である。

ましてやアフリカにおいては全く問題がない。日本の国際青年協力隊に対して、欧米のそれに比しても友好的であり、一生懸命に働くその姿が、現地の人たちに強い好感をもたれている。彼らの侍や空手に対する憧れは強く、西欧列強について批判する者、嫌う者は多くいるが、決して日本を悪く言う人には出会わない。アジアにおいても中国と、華僑が作った国と、朝鮮人以外の国では、日本の悪口を言う国はないのである。

たとえば、ミャンマー（当時のビルマ）で泰緬鉄道の敷設工事において、日本は捕虜に対して酷い扱いをしたということがハリウッド映画などで流布されているが、あれは日本側からしてみれば食料不足の中でのぎりぎりの選択であって、日本の兵隊たちも同様な困難な状況のもとにあった。したがって、イギリスなどが責任を追及できる種類の出来事ではなかった。もちろん、住民にしてみればそれまで外国人の統治によって貧困が続いていたが、特に戦乱はなかったところに、意に反して戦争に巻き込まれたのであるから、反日感情が全くなかったといえば嘘であろう。しかし、結果として日本軍の指導があったからこそ、ミャンマーは独立することが出来たのである。そのことを彼らは日本に感謝しないことはなかった。インドも然りである。すなわち、日本を非難している世界というのは第二次世界大戦の戦勝国なのであって、それ以外ではないことを、日本人は認識しておく必要がある。それは、１９５５年、戦後初めてインドネシアで開催されたアジア・アフリカ会議において、日本代表を皆が大拍手と共に迎えてくれたことからも明瞭である。

さらに、より最近の世界的な世論調査でも、日本は非常に高く評価されていることが判明している。英国の公共放送局ＢＢＣが、ヨーロッパ、アジア、アフリカなどの国際社会に影響を及ぼすと考えられる22カ国と協力して行った世論調査（日本は読売新聞が参加）によると、日本は２００８年以来『世界に良い影響を与えている』という評価で最高点を取り続けているのである。２０１２年の結果では、日本が一位の58％で、二位がドイツの56％、三位がカナダの53％である。日本への評価は、中国と韓国では「悪い影響」が「良い影響」を上回っているが、他のすべての国では「良い影響」が「悪い影響」を凌駕している。２０１７年の結果では、一位カナダで61％、二位ドイツ59％、日本が三位で56％と首位は譲ったが高得点に変わりはない。⑲

この韓国と中国の異常な2国を除外すると、そのパーセントはさらに高いことを誇るべきである。

米英、オーストラリアなどの英語圏で、日本に対する悪感情が残っているのは、米国政府の指令を受けて、連合国の占領軍最高司令官マッカーサー元帥が始めた日本への占領政策によるものであり、また彼の指示の下に行われた東京裁判における判決によるものである。

東京裁判は、第5章に示したように、極めて不当な裁判であったにもかかわらず、アメリカ人を含むかなりの人達がその結果を鵜呑みにし、日本人が罪悪人であったと思っているのである。すなわち、日本は軍国主義で近隣諸国を侵略した国であり、連合国が自らの血を流して、日本人を軍国主義から解放し、民主的な国家に改造してあげたという御説である。

しかし、1951年4月11日にマッカーサー元帥は、トルーマン大統領によって日本および朝鮮の国連軍の司令官の職を解任され、米国に帰国した。その直後の5月3日に、米国の上院の軍事・外交合同委員会に呼ばれ、3日間にわたって宣誓の上、多数の上院議員からの質問に答えている。この聴聞会の主な目的は、当時中国の軍隊が進入しようとしていた朝鮮戦争をいかに終結させるかであったが、その聴聞会の第1日目に、マッカーサー元帥は日本が戦争に訴えたことについて、「侵略」ではなく、「主に安全保障のためであった」と証言しているのである。この証言は、彼が日本を統治していたときの見解とは全く異なっているので、大変重要である。第5章(118頁)に原文とその和訳を載せている。

日本が戦争を始めさせられたことについてのマッカーサーの発言であるが、ニューヨーク・タイムズにも掲載されたこの声明を、日本において大々的に報道しなかった日本のマス・メディアは大いに責められるべきである。この声明は、東京裁判の判決にも多大な影響を及ぼすべきものであった。日本人としては、記憶にとどめておくべきものである。

東京裁判と押し付け憲法を排除決議せよ

もう一つの日本の問題は、日本人が、アメリカの防衛力の傘下にあるという条約を締結したことにより、思考停止状態に陥ってしまったことである。多くの日本人にとっては、自国の「防衛」については考える必要のないものと化し、防衛したがっているアメリカに安く防衛してもらっているので、日本人は別のことをすればよいと考えるようになった。

また、日本の近隣諸国との関係も、誤った自虐的日本観のまま、近隣諸国が注文をつければ謝罪すればよいで済ませ、多少の弁償はいたし方のないことであり、事を荒立てることはない。何も、しかめっ面して、他国に注文をつける必要などないではないかとのんびり構え、我々は平和で楽しく暮らせればよい、というように平和ボケ状態にあるように思われる。

このような日本人が出現して来たことは、まことに興味深いことである。今まで、このような自国に対して誇りも持たず、自国の主張も明確にせずに、また日和見的に行動した大国はなかったであろう。この自虐史観に深く染まった日本こそ戦後世界の奇形児である。唯一の類似のケースは、英国である。大英帝国が植民地を失い、単なる英国になり、いわゆる〝英国病〟に罹り自虐的になったと伝えられているが、１９７９年に出現したサッチャー政権の断固たる政策により国民の自虐的意識を正してからは、活気を取り戻した。

日本においても大胆な指導者が必要な時である。その指導者の最初の仕事は国会における「東京裁判排除決議」である。すなわち、その裁判は連合国が国際法を無視して行ったものであり、その判決に示された見解には、日本政府は到底同意するものではなかったと宣言することである。判決自体は既に実施されたので問題にはしない。

次に必要なものは、「１９４６年憲法の無効宣言」である。

この憲法は、占領軍作成によって押し付けられ発布したものである。決して合法的なものではない。日本国が連合軍に占領され主権を持たない時期に作られたものであり、いくら国会で討議を経て採決されたものであったとはいえ、総司令部からの強い要求に従って「マッカーサー草案」に基づいて作成された新憲法なのである。独立国日本が、自分で制定したものではない。

一日も早く国会で無効宣言をし、数年をかけて新しい憲法を制定すべきである。これらの手続きを終了することにより、日本国はすべからく、マッカーサー元帥の呪縛から離脱し、独自の進路を進むことができるのである。

○注

①この間の事情は長谷川（2006）第7章に詳述されている。原子爆弾を使用した後でも、ソ連の要求は強く、北海道の分割を主張した。トルーマン大統領の強い決意でその分割は免れた。

②この間の事情は、アメリカにコミンテルン通信傍受事業、Venona，によって裏付けられた。例えば、Romerstin & Brendel（2000）第六、七、八章参照

③吉田（1967）p.132など。

④www.oecd.org/dac/statsによる。

⑤ASEANセンター（1988）p.3.この著書には、その他数々の同様のアジアの指導者からの声明が記載されている。

⑥ディソン（2007）pp.316－319

⑦例えば、Cumings（1997）Chapter6, pp.299－336参照。朴大統領は戦時中は日本軍の将校で、満州での建国を体験、明治維新をモデルとした国づくりの著書を発表している。

⑧一九七〇年に著者がソウル市の市長と会談した時に、彼はこの職についてから休日をとったことはない、土日にも仕事をしていると言っていた。また、設立直後のポハンの現代造船所では一日20時間労働であると言っていた。

⑨猪股（2007）pp.35－38

⑩マハティール（2004）p.92など。

⑪World Bank（1993）参照

⑫当時の日本の経済成長に関しては、例えば、Johnson（1982）や南（1992）参照

⑬日本の地価行政と経済危機の発生については、宮尾（1995）やMera（2000a）およびMera（2000b）参照

⑭大森（1998）pp.389－414

⑮櫻井（2008）第二章参照

⑯ミアーズ（2005）参照。この本の原著は１９４８年に米国で出版された。

⑰United States 82nd Congress,First Session,May3-5（1951）pp.312−313

⑱マッカーサー（1964）p.142

⑲読売新聞２０１２年5月10日および http://www.yomiuri.co.jp/world/news/20120510-OYT1T01606.htm

第8章

日本は世界を導く国である

人種差別撤廃提言百周年記念

日本は西欧先進国に後ろからついていく国であると思っている人は、考えを改めていただきたい。１９１９年2月13日に日本は世界に先駆けて、世界全体における人種差別の撤廃を、パリにおける国際連盟設立のための創設準備委員会で唱えたのである。日本の代表団は、「我が大日本帝国は、国際連盟の盟約として、人種平等の原則が固守されるべきことを、ここに提案する」と提案した。①

それから１００年が経ったのである。議長の米国大統領のウッドロー・ウィルソンは、国際連盟創設のための14ヶ条の条項を準備してきた。そこには、人種差別の撤廃はなかった。彼はその当時でも黒人を公的に差別していた米国の代表であるから、人種の差別は当然のことであると考えていたのであろう。

日本側は、この提案を関係諸国に説明し、かなりの好感度を得ていた。その頃、アメリカの黒人たちも日本の人種差別撤廃提案に色めき立ったのである。彼らはパリの講和会議にアピールする準備をし、日本使節団に嘆願書を提出した。全米黒人新聞協会は、この件について以下のコメントを出した。②

「われわれ黒人は、講和会議の席上で、人種問題について激しい議論を戦わせている日本に、最大の敬意を払うものである」

この人種差別撤廃提案に対する投票の結果は、賛成17、反対11で、当然認められるべきであったが、委員長を務めるウィルソン大統領が、このような重要な案件は全会一致でなければならないとして、不採択を宣言した。③

従って、日本の提案は成功しなかったが、世界におけるこの動きを止めることは出来なかった。このような人種差別撤廃の動きは、単に理論的な考えから出てきたものではなく、当時の日本人が実際に経験した苦難の積み重ねから出たものである。既に述べたように、19世紀の末に日本からアメリカへの移民が始まったのであるが、日本人移民はいろいろな差別を経験した。勤勉で安い賃金でよく働いたが、それが競争相手の白人労働者から反発を受けるのである。彼らは農業においてもまじめに働き、成功する例が多かった。

そこでまた、いじめられるのである。特に、移民が集中したカリフォルニア州では、日本人に対する差別が顕著であった。特に１９０６年のサンフランシスコ大震災後で公立小学校の施設が一部破壊されると、それを口実に日本人の小学生は地元の小学校から排除され、特定の東洋人小学校に移転することを強要された。明らかな人種による差別であった。しかも、日本人移民は、米国の市民権を取得する権利を剥奪され、農地を借用する権利ももぎ取られることになった。パリの講和会議が行われた1919年には、日米の関係は既にかなり険悪になっていたのである。1924年に制定された「排日移民法」への圧力を十分に感じ取っていた時期であった。その圧力に抗して、このように正面から堂々と人種差別撤廃を提案した先人に対して、誇りを感じないわけにはいかない。

この日本の提案からの意図を汲んで後に国際連合がこの考えを推進し、1965年の国連安全保障理事会の決議に基づき、「あらゆる形態の人種差別を撤廃する国際条約」の達成を目指し、日本の提案から50年後の1969年に、それが具体的に実ることになった。それは米国で黒人の市民権運動が活発になった1950年代から1960年代を経験し、1964年の米国の「市民権法」が成立した後であった。

気骨のある明治日本の男子

現在の日本の男性は、柔和でやさしく、悪く言えば優柔不断の者が多いと思われる。日本の男性は以前はそうではなかった。私の知る限り、戦前戦中の男性は気骨があった。それは意思決定の問題であり、身体の強健さの問題ではない。気骨のある男性とは、明確な意思を持ち、その目的に向かって進むのが通常の状態であり、優柔不断であることは最も好ましくない状態であると考えられてきた。しかし、戦後の男性は「骨抜き」になり、優柔不断な男性が多くなった。この変化をもたらした大きな要因が「ＧＨＱの占領政策」であると考える。

既に述べたように、ＧＨＱは日本を大きく変えた。男女同権を導入し、階級制度を廃止し、武道を制限し、天皇を現人神から象徴へと矮小化し、日本を侵略国家であったとして糾弾した。それらの事柄の一つ一つは、程度の差はあるが、日本の男性の柔和化に貢献しているが、最大の要因は国家目標の喪失であろう。以前、国民は国家の目標に貢献するのが当然であった。児童に将来は何になりたいかと聞くと、「大臣」とか「大将」とかの返事が返ってきたものだ。そして、それらが何らかの意味で、国家目標に通じているという共通理解があった。

しかし、占領後には国家を語ること自体が「軍国主義」に通じるとか、「全体主義」を礼賛するとかの理由で、自由に話せない環境となってしまった。今では、子供たちは一流会社に就職するくらいしか、将来の夢がなくなっている。一流会社に就職して、結婚して、マイホームをローンで購入し、できるだけ昇進を狙うが、子供の教育費などで全く余裕がないうちに退職して、孫などの成長に期待するといった生活に大多数の人が落ち着いている。国家のために貢献するという大きな目標は影を潜め、保身一辺倒になるのである。必要な事は、上司をはじめ同僚からの評価を悪くしないこと、夫人と決定的な不仲にならないことくらいである。このように奇妙に安定した社会では、人々は保身に奔《はし》るのである。会社の中の受けを気にするので、暴走にならないように警戒する、夫人に嫌われないように注意を払う。そこから、優柔不断性が生まれる。

それに対して、戦前の日本においては、事情は異なっていた。日本国自体が西欧列強の植民地にされる危険性もあり、独立国家として発展していくために、国民が一致協力して国家を豊かにすることに努め、国家を外敵から防衛し、独自の文化を繁栄させていくことを努力した。このような意識は、小学校などの教育や親からの教えなどを通じて皆が体得してきたのである。

ところが、戦後では、国家とか国民という言葉自体が排斥され、そのような言葉自体が、「全体主義」を志向しているとみなされ、それに代わって、「個人主義」が台頭しだした。そこには、国家目標などが介在する余地もないのである。占領政策は「民主主義」の名のもとに日本人をそこまで徹底して、変貌させたのである。

そこで対比されるのが、明治・大正・昭和初期の人達との比較である。まずは、薩長による倒幕運動に参加し、大日本帝国憲法の起草において中心的な役割を果たし、初代の内閣総理大臣となり、その後も三代の総理大臣を務めた伊藤博文（１８４１～１９０９）を見てみる。日露戦争の結果、日本はアメリカ大統領の斡旋でかろうじて勝利を得た。１９０５年のことである。そこで日本政府は条約調印の使節を派遣することになったが、戦勝の背景を知る伊藤博文は交渉が国民の期待を満たすことは困難であることを見越していた。交渉への全権大使の役を当初依頼された伊藤博文は、最終的に全権代表に選ばれた小村寿太郎に対して「君の帰朝の時には、他人はどうあろうとも、吾輩だけは必ず出迎えにゆく」と語り、励ましている。④

総理経験者としての伊藤博文の責任感が明瞭にみられる。

また、伊藤は１９０９年にロシアの蔵相と満州・朝鮮問題について話し合うために満州ハルピン駅に到着した時に朝鮮の民族運動家に射殺されて死亡するが、その知らせを電話で受けた大磯の別荘にいた梅子夫人は涙一つ落とさずに次のように語った。⑤

「伊藤は予《かね》てから自分は畳の上では満足な死にかたはできぬ、敷居をまたいだときから、是が永久の別れになると思ってくれ」といっていたと、連絡をしてくれた伊藤博文の友人に語った。彼の全身全霊の国家への献身度を示すものである。

伊藤博文の性格は「剛凌強直」（強く厳しく正直）とも言われている。彼の伝記を書いた伊藤之雄はこう述べている。⑥

「伊藤の性格の強さを示す例は、枚挙にいとまがない。長州藩の攘夷をやめさせるため、密航先のロンドンから井上馨と共に死を覚悟して帰ってきたこと、「俗論派」を倒すため、高杉晋作の挙兵要請に最も早く応じたこと、長州藩内でさえ嫌われることを覚悟で、明治元年（1868）に誰よりも早く廃藩論を建白したこと、明治4年に大蔵省改革を強く主張し、大久保利通すら敵にまわしてしまったこと、征韓論政変の過程で朝鮮国への使節派遣を阻止するため、気が強いことで有名な岩倉具視《ともみ》さえ突き上げて強行突破させ、逆に岩倉から感謝されたこと、台湾出兵で木戸孝允《たかよし》が参議を辞任しても、それに追従しなかったこと、1881年に政府内外ともにすぐに憲法を制定すべきだという空気が強い中、憲法制定はそんなに簡単なものではないとの自らの信念を押し通したこと、等である」

次には、同じく明治時代の国民的英雄であった乃木希典《まれすけ》（1849〜1912）の生涯を見てみよう。彼は日本の国家としての独立をかけた日露戦争における陸軍の将軍で、旅順を攻略して一躍その名を世界にとどろかせ、最終の奉天の会戦にも勝利して、海軍の東郷平八郎と共に、日露戦争における著名な貢献者として戦前は深く尊敬されていた。しかし、その戦いにおいて、多くの兵士を死傷させたことに対して、天皇陛下に深い謝罪の意を表明していたが、明治天皇の崩御の後で、夫人と共に殉死を遂げたのであった。

乃木将軍について岡田幹彦は次のエピソードを書いている。⑦

「東京の巣鴨にあった廃兵院に最も足繁くかようのは乃木であった。ここには日露戦争で負傷し不具となった兵士約50人がいた。そのうえ15人が旅順等で傷ついた旧部下であったから、乃木は深い同情と責任を感じていた。毎月一、二度は訪れ各部屋ごと一人一人慰問して回り、いつも何か餅、菓子、果物などの手土産を絶やさなかった。時折、皇室から御下賜品などをいただくなら、真っ先に自ら廃兵院に届けた」

また、名著『武士道』を英文で記した新渡戸稲造は、乃木について以下のように述べている。⑧

「かって私は外国語で『武士道』なる一著書を公にした。そうして日本にはこういう特別の武士魂が存在しているぞ、という事を外国人に知らせった。平生欽仰（尊敬し慕うこと）措くなき乃木大将の見事なる最期は、私をしてさらに新たにこの武士道精神を味わしめるに充分であった。私は、大将の自尽を以て壮烈無二するものであるとして是認している」

乃木希典は、武士道を具現する人物であったのである。

次に、明治後期に生まれ、連合軍の占領期に多くの日本人が占領軍に従順に従う中で、マッカーサー総司令官にもしばしば注文を付けた白洲次郎（１９０２～１９８５）の言動をみてみる。彼は兵庫県の出身で、英国オックスフォード大学で勉強し、実業家になったが、戦後の占領下では吉田茂の側近として、総司令部との折衝に当たった人で、当時の日本人としては珍しく自分自身の意見を占領軍に伝えた男であった。彼は、北康利の本『白洲次郎：占領を背負った男』の中で、現在の日本を次のように批判している。

「今の政治家は交通巡査だ。目の前に来た車を裁いているだけだ、政治家も財界のお偉方も志がない。立場で手に入れただけの権力を自分の能力だと勘違いしている奴が多い」また「教師が自分で考えることを教えない。明治維新まで、さむらいの子供に一番やかましくいった教育、つまり物事の幻想区を考えるという事を教えない」⑨

と言ったと伝えられている、戦後の日本人に対する痛烈な批判である。また、以下のような著述もある。

「西洋人と付き合うには、すべての言動にプリンシプルがはっきりしていることは絶対に必要である。日本も明治維新前までの武士階級は、総ての言動は本能的にプリンシプルによらなければいけないという教育を徹底的に叩き込まれたものらしい」⑩

プリンシプルは原理、信条。彼自身が、日本の武士たちが一定の方針に従って行動していたこと、そしてそれが西洋文明においても不可欠であることを述べたものと解釈される。

日本の精神的伝統を葬った占領政策

前に述べたこれらの人びとは、自身の個人的な利得に振り回されることなく、国家のために貢献したという共通点を持っているといえよう。それは、日本古来の武士の伝統である『武士道』に従っていると言ってもよいであろう。[11]

彼らは、正しいと思ったこと（義）を、勇気をもって実行に移すこと（勇）に体を張って努力したのである。日本の政治家が、百年前に、パリの平和会議において人種差別の撤廃を提案したのも、このようなこのような武士道の精神の表れである。そのほかに、武士道には、他の人に対する同情心（仁）、他人に対する礼儀（礼）や約束したことを実行する（誠）ことも含まれている。明治の指導者は、これらの行動指針を忠実に守ったと考えられる。すなわち、日本古来の道徳を守ることによって、世界的に必要な事柄を率先して、提案していけるのである。

ところが、この武士の伝統が、ＧＨＱの占領政策によって葬り去られたのである。彼らは、日本の武士道の中に戦いにおける日本の強さがあると判断したのであろう。日本の兵士は勇敢であった。決意すれば勇敢に実行に移し、敵を恐れない。そこには、国家のために命を捧げることは名誉であり、降伏することが不名誉であるとする考えがあったことも事実である。しかし、武士道の精神からすれば、正しいことは勇敢に実行すべきなのである。

そこで連合国総司令部が実行したことは、日本社会から階級の意識を完全に除去することであった。第一の課題は絶対の権力を持つ天皇の権限を完全に排除することであった。次には、爵位、士族、平民の区別である。これらが除去され、男女間の差別も取り去られた。それでもって、武士道の一つの徳目である上位の者に対する尊敬の念、「忠義」が空洞化してしまったのである。

さらにGHQは、それまでの日本国は他国を侵略することを国是としていたと解釈して、国家の目標自体を非難したので、人々には、正しいこと（義）が何であるか自体が不明となり、武士道精神を維持することが困難になった。それに拍車をかけたのが、個人主義の礼賛である。国民という概念自体が禁句のように扱われた。

日本における武士道精神の衰退には、もう一つの要因もあった。それは、占領期間の前期に強調された社会主義的な思想である。農業における地主を消滅させるような「農地改革」、相続資産に対する重価税、労働組合組織の奨励などが、当時日本でもかなりの勢力を持っていた共産主義的運動を助長した。それは宗教に対する弾圧、従来の権力者に対する抵抗をも含んでいた。武士道精神に対しても、抵抗勢力となった。それらの結果として、戦後に育った日本人は、『武士道』に染まる機会が極めて限られていた。それに加えて、学校教育では「修身」が廃止され、そのために、生徒に道徳的な教育をする機会が激減したのである。

アメリカの教育は危険である

私事になるが、私は日本で大学院修士課程修了後に、フルブライト留学生として米国のプリンストン大学に行き、その後ハーバード大学に移って博士号を取得し、直ちにそこで経済学を教え、後に南カリフォルニア大学で、公共政策・国際ビジネスなどを教授したので、米国の大学教育についてはよく承知している。ここでの教育の特徴は、「道具」（目的達成の手段）だけを教えるのである。学生に「社会に貢献せよ」とか、「このような社会が好ましい」というような、行動の目的については一切教えずに、「道具」についてばかり教育するのである。

経済政策について一例を挙げるならば、「ある状況の下で、中央銀行が金利をいくら上げるならば、市中の金利がこの程度上がり、そのために民間の投資はこの程度下がり、雇用の創出にはこの程度の悪影響が起こり、物価上昇率はこの程度に抑えられるが、失業率はこの程度上昇する」といった知識が与えられるのである。しかし、失業率をどの程度に抑えるべきであるかについては、教授は教えない。実際には政治的な判断に任せたり、担当責任者の個人的な判断によって決められるのである。

このような国家全体の問題であれば、それなりの判断組織があるので大きな問題は起こらないであろうが、個人企業の場合には、各自で決めるので様々なことが発生しうるのである。従って、いろいろな企業が立ち上がってきたり、多数の企業が消滅したりする。それがアメリカの強みでもあるのであるが、一方では危険性でもある。企業家は法律の間隙を縫って不当な利益を得ようとすることも頻繁に起こる。消費者はよく注意していないと騙される可能性がある。かなりの大企業でも、消費者を惑わせて、不当な支払いを請求することがある。

このような教育がビジネス・スクールで行われている結果、不正を働く者がかなり出てきたために、教科の一部としてビジネス道徳を教える傾向も出てきたが、総体的にはあまり変わったとは言えない。道具を学んで、世に出て、自分の欲望を満足させるためにビジネス・スクールが利用されている傾向が強い。このような社会では、消費者各自が的確な判断を持つことが要求される。

日本の教育では、大体において、好ましいものが何であるかが教えられる傾向がある。従って、卒業生は、その好ましいものを提供するように社会で努力する。そのために、製品には奇抜なものはあまり出てこないが、信頼できるものが多い。すなわち、日本では社会的な制約に従って、企業が行動する傾向が強い。企業行動においては個人主義はそれほど強くない。この点においては、日本は占領政策の悪影響を受けていないといえよう。

戦後の高度経済成長は戦中世代の意地であった

戦後の日本は驚異的に急速な経済成長をした。１９５０年代から60年代には10％に近い成長率を挙げた。当時の世界では、未曽有の高度成長であった。この驚異的な高度成長は、日本と西欧諸国間の技術格差や、巨額の民間投資などの成果であると経済学者は結論づけている。南亮進は以下のように説明している。

「１９５７～１９６９の時期は、いわゆる高度成長の局面であり、日本経済が未曽有の成長を謳歌した時期であった。年率10％を超える経済成長の動因は激しい民間設備投資の増加であり、民間固定投資率は１９６９年には27・３％、政府投資を含めた投資率は35・３％に達した。このような投資の著しい拡大は、急速な技術導入によるものであった。戦時中に先進国で開発された新技術・新商品が、怒涛のように日本に流れ込んだのである。既存の産業は設備を一新し、合成繊維・石油化学・電子工業など新しい産業も出現した。政府の『国民所得倍増計画』の策定（１９６０）も民間投資を刺激した」⑫

確かに、その当時は技術格差があり、新技術の導入が効果的であったことは否めないであろう。しかし、この分析には、経済に関与している「人間」の記述が欠けている。当時の経済活動の中心にいた人たちは、戦後まもなく海外から引き揚げてきた軍人なのであった。かなりの戦友をアメリカ兵の攻撃によって失い、幸運にも郷土の土を踏むことが出来た人たちである。

当時の暗黙裡の国家目標は、熱い戦争で負かされたアメリカを、経済の面で打ち負かそうということであった。当時は日本の経済力は米国に比べるとはるかに低かった。経済における「追いつけ、追い越せ」が当時の日本人の共通した暗黙の「国家的目標」であったのだ。その目標があったからこそ、日本人は消費を我慢して、貯蓄して、それを投資に回し、経済の力をつけたのである。しかも、当時は皆が懸命に働いた。超過勤務などは平常のことである。誰も「働き方改革」などは唱えない。だれもがその目的を表には出さなかったが、皆が歯を食いしばって頑張ったのである。それが日本の高度成長の主要な要因であった。この高度成長を牽引した人たちの多くは、明治時代後期から大正時代および昭和一桁生まれの人びとであった。

その必死の努力の結果として、1970年代には、日本は先進工業国の仲間に入り、1980年代には一人当たり総生産において米国を抜き、トップのスイスに迫ることになった。偉大な国家目標の達成である。日本中が米国を打ち破った喜びに浸った。それが80年代であった。皆が一致協力すれば目的を達成することが出来るのである。日本人はその時、秘かに自信を持ったであろう。

ただし、この勝利は永続しなかった。80年代には、この運動の主力になっていた戦争体験者の殆どが現役を引退してしまったのである。しかも、それまでの国家目標は達成されたが、それに代わる国家目標が不在であったのである。そこから本当の「戦後」が始まるのである。世代は代わり、戦後教育を受けた人が中心となり、新憲法の第９条を固く守り、個人主義を振りかざす人たちである。ＧＨＱの占領政策が再び息を吹き返してきたのである。

しかも、この勝利の喜びに浸っている時に、米国がプラザ合意を持ち掛けてきた。１９８５年のことである。日本は円の価値を引き上げることに同意した。ドイツも同様の動きをした。そこで強化された円で米国中の不動産を買いあさる連中が出てきた。有頂天になった日本企業は採算性を無視したような海外不動産購入を続けたために、５年後の日銀の金融引き締めによって倒産の危機にさらされることになった。大正時代の人達が築きあげた日本経済が、根本から揺らいだのである。アメリカの仕掛けた経済政策の罠に嵌《は》まってしまったのである。

その後の日本は「空白の20年」を経験することになった。不動産価格の下落により、多くの企業が破産し、銀行の融資能力が減退し、経済全体が停滞し、デフレが永続した。人々は目標を失い、日々の生活だけに追われるようになった。企業は安全運転を心がけるようになり、日本の経済の安定性が戻ってきたのは、安倍晋三のアベノミクスが出てきてからである。

日本国への課題：安全保障

現在の日本国に欠けているものは国家の目標である。もしも1960年代にあったような「追いつけ、追い越せ」のような国家目標があれば、国民がまとまることが出来る。しかし、現在そのようなものが認識されていない。しかし、実際には、日本には大きな課題があるのである。それは日本の安全保障である。日本のメディアはあまり報道していないが、日本国はいつ何時、隣国から襲撃されるか分からないのである。周辺の島は毎日のように隣国からの挑発を受けている。竹島はもう長らく韓国に占領されてしまっている。尖閣諸島は、中国の船舶に取り囲まれている。北方四島については、ロシアは「返還する」気は毛頭ないであろう。さらに、北朝鮮の核兵器は日本列島をいつでも襲撃する力があるし、中華人民共和国の核弾頭も、日本の主要目標を狙って設置されていることは明白であろう。

では、日本の安全をどのようにして確保するのか。現在は、米国との安全保障条約を頼りにしているのであるが、尖閣諸島のような極地での争いであれば、米軍が頼りになるかもしれないが、本格的な戦争になれば米国は米国自身の安全を考慮するので、日本の安全を守るために、自国民の安全を危険にさらすことはないと断言できる。すなわち、日米安全保障条約は、極めて限定的な効果しか期待できないのである。従って、日本は自分自身で安全を確保しなければならないのである。

しかし、安全保障は単に核兵器に頼るだけではない。国家の機密を守り、諸外国の動きを探知し、予備的な対処を早急にとれるような体制を整える必要がある。すなわち、インテリジェンス・システムの整備である。既に日本の国内には、多数の外国からの諜報員が配備されている。これらの好ましくない人物を洗い出し、排除する努力が必要であるし、また新規に潜入しようとするものを阻止することも緊急の課題である。

このように国家の防衛体制を敷くには、大きな意識改革が必要である。意識改革の一環として、中立国スイスから防衛体制を学ぶことも賢明な策であろう。そこでは国民一人一人が、防衛の責任を担っている。男子は一定期間兵役に服し、防衛についての基礎知識を習得する。そして、ことが起こった時には、直ちに対応する体制ができている。

近隣諸国との問題点

外交関係についてはは問題がないわけではない。問題はむしろアジアの中の近隣諸国である。彼らは、日本がそれらの国の人々を不当に搾取し、虐待し、抹殺したと宣伝している。特に中国はアジアにおける覇権を狙っており、日本が米国と密接な関係を持っているために、アジアを完全に牛耳ることが出来ないと考え、日米の関係を崩すために、様々な手段を講じている。一つは、日本軍が日支戦争の初期に『南京大虐殺』をしたという宣伝であり、もう一つは日本軍が中国の女性を「性奴隷」にしたという捏造された歴史である。前者は明らかな誇大宣伝であり、中国の主張する30万人の虐殺の根拠は無いのである。後者は、韓国が主張する「慰安婦性奴隷説」を転用したものであり、韓国と手を結びながら、日本を貶めるのに熱心である。

韓国との関係は、「慰安婦問題」と「強制徴用工問題」があるために正常な関係が維持できない。これも韓国側の国内政治問題を外国との問題と提起して、回避しようとする手段として引き続き使われてきている。

これらの問題に関して、政府は殆ど一貫して無関心を装ってきた。例外は、慰安婦問題について2015年末に、日韓の外務大臣がその終結を合意したことである。しかし、韓国の後の政府は、その時の政府の合意事項を踏襲しようとしていない。しかし、これらの問題は、日本政府が明確な方針を宣言すれば解決することである。民間個人や団体の役割は、政府を説得して、そのような政策を実行することに決断させることである。

日本は今新しい世界を開こうとしている

日本は１００年前に、世界に先駆けて人種差別の撤廃を唱えた。この主張は50年後に世界で認められるようになった。先人の見識に敬意を払うべきである。そして、日本は非白人の国々を植民地化していた白人国家と戦い、戦い自体には敗北したが、植民地解放においては大成功を収めた。それらの新興の国々は今では国連のメンバーとして積極的に活動している。シンガポールのように高所得を達成し、アジアでの中心的な存在感を獲得した国もある。タイ、インドネシア、マレーシアなどは、日本からの援助のおかげで、素晴らしい経済発展を遂げた。東アジアは、世界の中で近年最も注目されている地域になった。

ここで日本の行動の特性を要約しておこう。日本は、明治の開国以来、西欧諸国の軍事力を背景とした差別的な圧力に抵抗しながら、地道な努力を続けて、それに打ち勝つべく、懸命の努力をしてきた。経済の面では、既に引けを取らないまでに成長してきた。さらに、東アジアを中心に新興諸国の発展のために努力を重ね、好ましい関係を維持してきている。

アジアの近隣諸国とは現在問題は残っているが、それは政府の決断で解消できる問題である。現在の緊急の問題は、安全保障の確保である。この点に関しては、国民が現況の安全保障体制の現実を認識して、それを根本から改革する必要性を認識することが必要である。そのためには、正しい情報が提供されなければならない。そしてその上に、すべての国民に必要な訓練が与えられ、インテリジェンスの体制を整え、適切な軍事力を備えることである。

日本人の知的能力、団結力、行動における緻密さなどをもってすれば、これらの課題をまともに実行することは、不可能ではない。特に、新しい元号のもとに発足する新時代日本においては、安全保障に重点を置いた発展は十分に可能であると思われる。

日本は独自の道を進むべきである

日本は将来どうするべきであろうか。まず第一に、世界の現実を直視することである。戦後行われたマッカーサーによる占領政策は、第4章に書いたようにルーズベルト政権が行った戦争誘致策を隠ぺいする工作であったことを認識する必要がある。日本人は、歴史的な事実から日本がどのようにして戦争をするように仕向けられたかを知らなければならない。日本人は、アメリカの空襲はヒットラーのホロコーストに匹敵する戦争犯罪であり、あの著名な人種差別主義者のチャールズ・リンドバーグも言っているように「我々は、ドイツがヨーロッパで行ったことを、太平洋で日本人にやっているのだ」と声高に言うべきである。

話は変わるが、日本はヒットラーがドイツを支配している時に、4万人のユダヤ人を上海や満州に避難させ、ヒットラーが返還を求めたが、応じなかった。さらに、日本人はもっと占領政策の実態を把握し、日本人の性格や国家がどのように変わったかを知らなければならない。そうすれば、日本人は国家を築きあげていく正しい道のりを見つけることが出来る。

もし日本が今までと同じような道をたどるなら、日本の将来は危ない。日本は国家自体を失う危険性もあり、国家を失わなくとも、国としての権威は降下するであろう。この惨事を避けるためには日本人の一人一人が真剣に国益を維持し、増進することを考える必要があり、国を愛するようにならなければならない。愛国とは、同胞と運命を共にすることである。愛国とは、自分の家庭と同じように自分の国に誇りを持つことから始まる。愛国心は隣人に対する心遣い、先人のなしたことへの尊敬、先人の残した文化の深みに対する心からの賞賛、そして隣人のなした支援に対する感謝から生まれるものである。

２０１１年3月11日に地震と津波が日本の東北地方を荒廃させた時に、津波圏外の人たちが被災者に学校やその他の場所を避難場所として提供したことをテレビで見たアメリカ人は深く感動した。この事実は、日本人はまだ正当な理由があるときには、喜んで自己犠牲を払う強さと寛容性を持っている道徳心が豊かな民族であることを示したのである。

日本人の美しさは、自己犠牲の精神にもみられる。しかし、この風習は海外から誤解を招く危険性がある。「慰安婦問題」を考えてみよう。韓国に元慰安婦であったと称する女性が現れて、日本軍を糾弾した直後に、当時の宮澤総理が訪韓して謝罪した。1992年のことである。真相は不明であったが、まずは謝罪して、日本は誠意を持っていることを示した。立派な行為である。しかし、国際社会では、それは「罪」を認めたことであると解釈されるのである。そのために、その後日本は、女性を「性奴隷」にしたと糾弾され、何らの証拠も出てこないにもかかわらず、未だにその「罪」から抜け出ることが出来ないでいる。自己犠牲の精神は尊いが、国際社会においては、極めて要注意である。

肝要なことは、日本側がアメリカが植え付けた自虐的な歴史観から脱出することである。日本人はまず、日本は豊かな文化的な遺産を持っていて、それを誇りに出来ることに気づく必要がある。次は、人材の養成である。日本は優秀な人的資源を豊富に持っている。しかし、それらは主に科学や工学の分野である。日本では政治や経済・経営の分野では優れた人材は豊かであろうが、傑出した人物が少ない。特に、政治家や官僚には傑出した人材が少ない。それはおそらく日本の堅苦しい政治や官僚のシステムによるものであろう。日本は通常の「枠の中」を超えて解決策を求める柔軟な考えを持った若い人々を養成していく必要がある。「枠の中」だけでは、完全な失敗は出ないであろうが、飛躍的な解決策も出ないのである。日本の指導者は、両者の間に横たわる長年の外交的・経済的な問題をアメリカの指導者とじっくりと議論すべきなのである。

そのような人材を養成するには、役所や企業の人材採用基準を柔軟にすることが必要である。既に東京大学では、本学出身でない人を教授に採用した例もあるので、近年では採用基準はかなり好ましい方向に移ってきていると思われるが、一層の改善が望ましい。

「普通の国」に戻り世界をリードする国へ

日本の将来を考えるとき、アメリカとの関係を無視することは出来ない。しかし、アメリカの重要性はその軍事力にあることを肝に銘じる必要がある。抜群の軍事力があるために、アメリカは世界をリードすることが出来るので、政治家の質としては特に優れているとは到底思えない。このことに気づいたのが、２０１６年に大統領に選出されたドナルド・トランプである。今、この国は大国としての名誉を回復する過程にあるので、様々な変化が起こっている。彼は今までの「きれいごと」政治から脱却し、真にアメリカのためになる政策に集中している。国連の人権理事会から脱退したのもその一つである。それはあまりにも、中国などの左翼系の国の勢力が強くなって、自由主義諸国の言論が抑圧されて来たからである。その点では、アメリカは世界をリードする役割を放棄したのである。この機会に、日本は指導的な役割を果たす可能性が出てきている。

次に、日本はこじれている近隣諸国との関係を改善する必要がある。一旦、日本が侵略国家ではなく、むしろ植民地の宗主国に対して抵抗をしていた国であることが理解されると、日本は他の国と同様に近隣諸国とも関係を続けていくことが出来るであろう。これらの国は軍事力を持つ通常の国であるので、日本も軍事力を持ち、軍事力のバランスをとる必要がある。そのためには、軍事力が絶対に必要な時には宣戦布告のできる「普通の国」でなければならない。さらに、近隣諸国と交渉する際には、彼らは今までに数多くの厳しい交渉を経験した交渉の達人であることをわきまえなくてはならない。日本の政治家は通常、国際的な交渉には「素直」である。この素直さというのは日本独特の文化遺産ではあるが、外交交渉においては、ハンデキャップとなる。上級外交官は、教室と実技で厳しい訓練を受けなければならない。

近隣諸国はこの日本の新しい外交姿勢に抵抗をするであろう。しかし、日本はこの新しいやり方でやるようになったかを注意深く、丁寧に説明する必要がある。さらに、日本はこの変化が近隣諸国に対する反感を意味するものではなく、日本が西欧諸国が接近してきたときに取ったのと同じように、現在でも、将来においても友好関係を維持していこうとしていることを表明する必要がある。

歴史の認識に関しては、票数を稼ごうとする政治家ではなくて、歴史家や関連のある学者が定期的に意見を交換することによって、解決することが好ましい。多くの中国の学者は、１９３７年の「支那事変」は誤解から生じたと主張している。しかし中国政府は、国民に人気はないが、日本側の過ちであると主張している。以前、日中で行われた学者を中心とした会議の議事録を早く公開すべきである。このような会議は何回か開催されてきているにもかかわらず、一般にはあまり知られていないのは問題である。より多くの人が参加することが必要である。日本側からの抗議によって南京虐殺記念館のいくつかの展示品が撤収されたように、学者が意見を交換していけば、解釈の相違はだんだんと縮小してゆく。このような努力と共に、日本政府は戦後の東京裁判の正当性を否定する決議をするべきである。なぜなら、この裁判は、戦時のプロパガンダの延長であり、国際法を無視して勝者が敗者を裁いたものであったからである。そうすれば、日本はこの裁判の結果から解放されるであろう。

もう一つの課題は、１９４６年の新憲法に対するものである。この憲法は占領軍からの圧力によって設置されたものであり、それは国際法によって明確に禁止されているのである。日本人によって作られたものに取り換えられるべきである。憲法の改正は急務である。

日本が取り組まなければならない課題は多い。しかし、安倍晋三政権はこれらの難題に真剣に取り組み、かなりの成功を成し遂げた。しかし、大きな課題はまだ残っている。このような課題を克服しなければ、日本の将来の世代は先代の人々を恨むのだ。現在の緊急課題は、戦後にお仕着せられたすべての呪いを排除することである。また、100年前に日本代表がパリの国際舞台で高らかに「人種差別の撤廃」を提案したように、勇気をもって、信念を貫くことである。

戦中世代の天皇から、戦争を経験したことがない天皇に譲位される今、新しい決意がなされるべきである。この目的のための最初の動きは、学校教育における歴史の教育を改正することである。中学校や高等学校において、「日本の歴史」を現代を中心として新しい資料の発見なども含めて大東亜戦争、またはアメリカ人が呼ぶ太平洋戦争の勃発の原因やその結果について正しく教えられるべきである。この事項は教師が間違った教育をすることを恐れて、殆ど教えられてこなかった。

この新しい「日本の歴史」は、短期大学や成人教育でも教えられるべきである。国を挙げての多大な努力がなされることによって、日本に残された大東亜戦争からの負の遺産は日本から消え去っていくであろう。自国に誇りを持った国民が育つのである。

○注

①西尾（1999）p.572
②西尾（1999）p.572
③西尾（1999）p.573
④猪木（1995）pp.56−62
⑤松村（2014）p.206
⑥伊藤（2015）p.642
⑦伊藤（2015）p.642
⑧岡田（2001）p.278
⑨北（2005）pp.324−325
⑩白洲（1965）
⑪新渡戸（2005）に従って解説する。
⑫南（1992）p.36

おわりに

この著書を日本で出版することについては、かなりの期待がある。安倍晋三政権になって、日本の保守は元気を取り戻し、本来の活躍を始めたが、依然として日本では保守は少数派で、自民党の中でも圧倒的多数を占めていないようである。従って、実務重視の総理も必ずしも終始一貫保守の方針を貫いているとは言えない。このような状況の下で、この書を出すことは、日本の中の保守系の人達に一層の自信と気力を与える効果が出ることと、一般の読者が今まで以上に日本国に対する自信を回復し、保守政治家を支援することを期待している。

真珠湾攻撃については以前から、ルーズベルト大統領の陰謀説が見え隠れしていた。既に、当時のアメリカ歴史学会の大御所チャールズ・ベアードは１９４８年の図書で陰謀説を唱えたのである。しかし、その説は政府の見解に反したので、その後の歴史家は公にすることを躊躇した。それが再び脚光を浴びたのは、２０１１年に元大統領のハーバート・フーバーの遺稿がジョージ・ナッシュによって出版されてからである。フーバー元大統領はルーズベルト大統領を「戦争を挑発するキチガイだ」とまで書いているのである。私がこの著書で明らかにしたのは、大東亜戦争開始の一年前からルーズベルトがいろいろな方法で開戦の準備をしていたことである。彼は書類においては、彼の真の意図を表現するには極めて慎重であったので、そのようなものは発見されていないが、諸々の彼の行為は、彼が意図的に戦争の準備をしていたということを示すのに十分であろう。

日本においてもその傾向があるが、アメリカの歴史学会は「正統派見解」以外の見解を発表することは歴史学者の「自殺」に等しくなると見えて、正当派以外の見解は「歴史学者」以外からしか出てこない。チャールズ・ベアードが陰謀説を唱えた後で権威を失ったことから学んだのであろう。最近になって、ルーズベルトの謀略を暴いたスティネットやアラン・アームストロングなどは、伝統的な歴史学会に属するものではない。伝統的歴史学会以外からの歴史への参入が望まれるのである。

米国に居住して日本の問題を考えると、違った局面が見えてくる。日本の保守派の人達はどちらかというと国内の仲間との違いを強調して存在感を示す傾向がある。しかし、国際的見地からすると、どの程度海外の識者に影響を与えることが出来るのかが問題である。その点に関しては、殆どの人が無関心に近いようである。実状は「井の中の蛙である」。私は、英文でもここに書いたような著書を出し、また慰安婦についても英文の図書を出版している。英語圏の人達に理解を広げようとする努力を続けている。

この著書を作成し出版するまでには、多くの方々のご支援をいただいた。最初には、歴史家の秦郁彦教授である。教授はこの著書の全原稿に目を通され、出版に適していることを保障された。ハート出版の日高社長と佐々木照美氏には細部に亘る調整をしていただいた。

日本再生研究会の会員諸氏には様々な面でお世話になった。その中でも特に前著書の共著者である今は亡き井上雍雄氏と今も活躍されている今森貞夫氏に深く感謝すると共に、議論を戦わした伊藤昌志、内藤喬生、樋口祐一、高橋哲夫の諸氏にも謝意を述べたい。今回、前著書からの一部転載を認めていただいた桜の花出版の社長成田玲子氏にも、深く感謝いたします。

最後に、私を常に励ましてくれ、誤字の多い原稿を丹念に読んで校正をし、基本的な問題についても数々の助言をしてくれた妻の久美子にも深く感謝する。

2019年2月　　米国ニュージャージー州プリンストンで

目良浩一

□ 参考文献

阿部良男『ヒトラー全記録』柏書房, 2001.

Aldrich, Richard J. Intelligence and the War against Japan: Britain, America and the Politics of Secret Service. Cambridge: Cambridge University Press, 2000.

Armstrong, Alan. Preemptive Strike: The Secret Plan That Would Have Prevented the Attack on Pearl Harbor. Guilford, CT: Lyons Press, 2006.

ASEAN センター（編）『アジアに生きる大東亜戦争』: 展転社, 1988.

Askew, David. "The Nanjing Incident: Recent Research and Trends," Electronic Journal of Contemporary Japanese Studies. 2002. Available at http://www.japanesestudies.org.uk/articles/Askew.html.

Baerwald, Hans H. The Purge of Japanese Leaders under the Occupation, Santa Barbra, CA: Greenwood Press, 1959,

半藤一利『昭和史： 1926-1945』平凡社, 2004.

Barnhart, Michael A. Japan Prepares for Total War. Ithaca, NY: Cornell University Press, 1987.

Beard, Charles A. President Roosevelt and the Coming of the War, 1941. New Brunswick, NJ: Transaction Publishers, 2003. (Originally published by New Haven CT: Yale University Press, 1948)

Bess, Michael. Choices under Fire: Moral Dimensions of WW II. New York: Alfred Knopf, 2006.

Borton, Hugh. Japan's Modern Century, New York: Ronald Press, 1970.

Borthwick, Mark. Pacific Century: The Emergence of Modern Pacific Asia. Boulder: Westview Press, 1992.

Chang, Iris. The Rape of Nanking: The Forgotten Holocaust of World War II. London: Penguin, 1997.

Chang, Jung and Halliday, Jon. Mao: The Unknown Story. New York: Alfred A. Knopf, 2005.
崔基鎬『日韓併合：歴史再検証』祥伝社 ,2004.
Cumings, Bruce. Korea's Place in the Sun: A Modern History. New York: Norton & Co., 1997.
ディソン、ダニエル『フィリピン少年が見たカミカゼ：幼い心に刻まれた優しい日本人たち』桜の花出版 , 2007.
Dower, John W. War without Mercy: Race and Power in the Pacific War. New York: Pantheon Books, 1986.
Durdin, Frank Tillman. 〝Formosa Killings Are Put at 10,000〟 in New York Times, March 29, 1947.
Duus, Peter. Modern Japan. Boston: Houghton Mifflin, 1998.
江崎道朗『アメリカを巻き込んだコミンテルンの東アジア赤化戦略』正論特別号 , No. 15, 2011.
江崎道朗『コミンテルンの謀略と日本の敗戦』ＰＨＰ研究所 , 2017.
江藤淳『閉された言語空間：占領軍の検閲と戦後日本』文藝春秋 , 1989.
江藤淳『一九四六憲法―その拘束』文藝春秋 , 1995.
Ford, Daniel. Flying Tigers: Claire Chennault and His American Volunteers, 1941-1942. New York: Collins, 2007.
藤岡信勝『自由主義史観研究会報』自由主義史観研究会 , 2005.
深田祐介『大東亜会議の真実：アジアの解放と独立を目指して』ＰＨＰ研究所 , 2004.
Gibney, Frank. The Pacific Century. Tokyo: Kodansha International, 1992.
Goldstein, Erik and Mauer, John. eds. The Washington Conference: 1991-1992. New York: Frank Cass, 1994.
Hasegawa, Tsuyoshi. Racing the Enemy: Stalin, Truman, and the Surrender of Japan. Cambridge, MA: Harvard University Press, 2005.
秦郁彦『昭和史の謎を追う（上巻）』文藝春秋 , 1999.
Haynes, John Earl and Harvey Klehr. VENONA: Decoding Soviet Espionage in America. Yale UP. 1999.

Hendricks, King and Shepard, Irving (ed.) Jack London Reports: War Correspondence, Short Articles, and Miscellaneous Writings. Garden City, NY: Doubleday, 1970.

東中野修道『南京事件：国民党極秘文書から読み解く』草思社 , 2006.

飯野正子『もう一つの日米関係史』有斐閣 , 2000.

Ikeda, Michiko. Japan in Trade Isolation, 1926-37 and 1948-85. Lanham, MD: University Press of America, 2008.

猪俣るー『愛する日本の孫たちへ：かつて日本人だった台湾日本語族の証言集1』桜の花出版 , 2007.

犬塚きよ子『ユダヤ問題と日本の工作：海軍・犬塚機関の記録』日本工業新聞 , 1982.

Iriye, Akira The Origin of the Second World War in Asia and the Pacific. New York: Pearson, 1987.

伊藤純・伊藤真『宋姉妹：中国を支配した華麗なる一族』角川書店 , 1995.

伊藤之雄『伊藤博文：近代日本を創った男』講談社 , 2009.

猪木正道『軍国日本の興亡』中央公論 , 1995.

Janssens, Rudolf. "What Future for Japan?": US Wartime Planning for the Postwar Era, 1942-1945. Amsterdam: Rodopi, 1995.

Jichitai Kokusaika Kyokai. Clair Report Number 96: The Past, Present and Future of the American Indians, Tokyo: Jichitai Kokusaika Kyokai, 1995.

Johnson, Chalmers. MITI and the Japanese Miracle. Clarendon, VT: Charles E Tuttle., 1982.

加藤康男『謎解き「張作霖爆殺事件」』ＰＨＰ研究所 , 2011.

Kawakami, Kiyoshi Karl. Japan in China: Her Motives and Aims. London: John Murray, 1938.

Keegan, John. The First World War New York: Vintage, 2000.

金 完燮『日韓「禁断の歴史」』小学館 , 2003.

Kitamura, Minoru and Lin, Siyun. The Reluctant Combatant: Japan and the Second Sino-Japanese War. Lanham, MD: University Press of America, 2014.

清瀬一郎『秘録　東京裁判』中央公論社，2002.

北康利『白洲次郎　占領を背負った男』講談社，2005.

黄文雄『満州国は日本の植民地ではなかった』WAC, 2005.

黄文雄『朝鮮半島を救った日韓併合』徳間書房 2006.

小堀桂一郎・中西輝政『歴史の書き換えが始まった：コミンテルンと昭和史の真相』明成社，2007.

児島 襄『東京裁判（上・下）』中央公論社，1971.

高坂正堯『不思議の日米関係史』ＰＨＰ研究所，1996.

Koster, John. Operation Snow: How a Soviet Mole in FDR's White House Triggered Pearl Harbor Washington, DC: Regnery, 2015.

Lauren, Paul Gordon. Power and Prejudice: The Politics and Diplomacy of Racial Discrimination Boulder, CO: Westview, 1988.

Lindbergh, Charles A. The Wartime Journals of Charles A. Lindbergh. New York: Harcourt Brace Jovanovich, 1970.

ダグラス・マッカーサー『マッカーサー回想録』朝日新聞社，1964.

MacMurray, John Van Antwerp. How the Peace Was Lost. Stanford, CA:Hoover Institution Press, 1992.

マハティール・ビン・モハマド『日本人よ。成功の原点に戻れ』ＰＨＰ研究所，2004.

松村正義『金子堅太郎：槍を立てて登城する人物になる』ミネルヴァ書房，2014

松本健一『日本の失敗：「第二の開国」と「大東亜戦争」』岩波書店，2006.

Matsuda, Takeshi Soft Power and its Perils. Stanford: Stanford University Press, 2007.
ヘレン・ミアーズ『アメリカの鏡　日本』角川書店,2005（原著は　Mears, Helen.　Mirror for Americans, Japan. Boston: Houghton Mifflin, 1948）
Mera, Koichi. "Land Price Ascent and Government Responses in Japan," in Mera, Koichi and Renaud, Bertrand, eds. Asian Financial Crisis and the Role of Real Estate. Armonk, NY: ME Sharpe, 2000a.
Mera, Koichi. "The Linkage of the Economy with Land Price Fluctuations: The Case of Japan in the 1990s," in Mera, Koichi and Renaud, Bertrand. Eds. Asian Financial Crisis and the Role of Real Estate. ME Sharpe, 2000b.
Mera, Koichi. Comfort Women Not 〝Sex Slaves〟, Bloomington, IN: Xlibris, 2015.
目良浩一 他『マッカーサーの呪いから目覚めよ日本人！』桜の花出版，2012.
目良浩一『アメリカに正義はあるのか』ハート出版,2018.
Miller, Edward S. Bankrupting the Enemy: The U.S. Financial Siege of Japan before Pearl Harbor. Annapolis, MD: Naval Institute Press. 2007.
南亮進『日本の経済発展』第二版　東洋経済新報社，1992.
Minear, Richard. Victor's Justice. The Tokyo War Crimes Trial. Ann Arbor: University of Michigan Press, 1971.
三田村武夫『大東亜戦争とスターリンの謀略：戦争と共産主義』自由社，1987.
宮尾尊弘『「経済敗戦国」日本：デフレ脱却への新行革論』東洋経済新報社，1995.
Nahm, Andrew. Korea; A History of the Korean People. Elizabeth, NJ: Hollym International, 1985.
中田整一『トレーシー：日本兵捕虜秘密尋問所』講談社，2010.
中村粲『大東亜戦争への道』展転社，1990.
Nash, George H. ed. Freedom Betrayed: Herbert Hoover's Secret History of the Second World War and its

Aftermath. Stanford: Hoover Institution Press, 2011.

Nish, Ian. Japanese Foreign Policy in the Inter-War Period. Santa Barbara, CA: Praeger, 2002.

西尾幹二『国民の歴史』産経新聞社 , 1999.

西尾幹二『GHQ 焚書図書開封』徳間書店 , 2008.

新渡戸稲造『武士道』PHP研究書 , 2005

呉善花『韓国併合への道』文藝春秋 , 2000.

呉善花『「反日韓国」に未来はない』小学館 , 2001.

大森実『日本はなぜ戦争に二度負けたか』中央公論社 , 1998.

岡田幹彦『乃木希典：高貴なる明治』展転社 , 2001

Pakula, Hannah. The Last Empress: Madame Chiang Kai-Shek and the Birth of Modern China. New York: Simon & Schuster, 2009.

Perrin, David. Giving Up the Gun. Boston: David Godine, 1988.

Radginasky, Edward. Stalin. Anchor Books, 1996.

ラムル .R. J.『中国の民衆殺戮』パレード , 2008.

ジェフリー・レコード『日本の戦争決断―一九四一年：その今日的教訓』草思社 , 2013.

Roling, B.V.A., and Cassese, Antonio The Tokyo Trial and Beyond, Cambridge, UK: Polity Press, 1993.

Romerstein, Herbert and Breindel, Eric. The Venona Secrets. Washington, DC: Regency Publishers, 2000.

Sabac, Simon. Stalin: The Case of the Red Tsar. Vintage Books 2003.

Sakamoto, Pamela Rotner. Japanese Diplomats and Jewish Refugees: A World War II Dilemma Westport, CT: Praeger, 1998.

櫻井よしこ『異形の大国中国』新潮社, 2008.
桜の花出版編集部『インドネシアの人々が証言する日本軍政の真実』桜の花出版, 2006.
産経新聞特別取材班『エシュロン』角川書店, 2001.
佐藤源貞他『現代アンテナ工学』総合電子出版, 2004.
佐藤和男『世界がさばく東京裁判：85人の外国人識者が語る連合国批判』明成社, 2005.
佐藤優『日米開戦の真実』小学館, 2006.
佐藤優・高永喆『国家情報戦略』講談社, 2007.
関野通夫『日本人を狂わせた洗脳工作：いまなお続く占領軍の心理作戦』自由社, 2015.
関岡英之『拒否できない日本』文藝春秋, 2004.
Shimazu, Naoko Japan, Race and Equality: The Racial Equality Proposal of 1919. London: Routledge, 1998.
白洲次郎「プリンシプルのない日本」『諸君』１９６９年９月号 pp.54-59
庄司潤一郎「(史料紹介) 近衛文麿手記「日支関係の歴史（明治以降）と大東亜新秩序の理念」『軍事史学』29:4（1994）.
Smith, Jean Edward. Grant. New York: Simon & Schuster, 2001.
クリストファー・ソーン『太平洋戦争とは何だったのか』草思社, 2005.
Stinnett, Robert B. Day of Deceit: The Truth about FDR and Pearl Harbor. New York: Touchstone, 2007.
Stoddard, T. Lothrop. The Rising Tide of Color against White World Supremacy. Cambridge, UK: Ostara, 1921.
高橋史朗『日本が二度と立ち上がれないようにアメリカが占領期に行ったこと』致知出版, 2014.
田中彰『開国』岩波書店, 1991.
Tansill, Charles Callan. Back Door to War: The Roosevelt Foreign Policy, 1933-1941. Washington, DC: Regnery, 1952.

ラルフ・タウンゼント,『アメリカはアジアに介入するな』芙蓉書房出版 , 2005.
東條由布子『大東亜戦争の真実：東條英機宣誓供述書』WAC, 2005.
Tokeyer, Rabbi Marvin, and Mary Schwartz The Fugu Plan: The Untold Story of the Japanese and the Jewish During World War II. Lawrence, NY: Gefen Publishing, 2004.
東京裁判研究会『パル判決書』講談社 , 1984.
海野福寿『韓国併合』岩波書店 , 1995.
U.S. Congress. Testimony of General Douglas MacArthur Before Armed Services and Foreign Relations Committees of the United States Senate, 82nd Congress, First Session, May 3-5 1951. Atlanta: Hour-Glass Publishers, 1966.
U.S. Department of State Office of the Historian. Biographies of the Secretaries of State: John Hay. Available at https://history.state.gov/departmenthistory/people/hay-john-milton.
渡部昇一『東條英機　歴史の証言』祥伝社 , 2006.
渡辺惣樹『日米衝突の萌芽 1898-1918』草思社 , 2013.
World Bank. The East Asian Miracle: Economic Growth and Public Policy. Oxford, UK: Oxford University Press, 1993.
Weglyn, Michael. Years of Infamy: The Untold Story of America、s Concentration Camps Morrow Quill, 1976.
山村明義『ＧＨＱの日本洗脳』光文社 , 2014.
楊素秋『日本人はとても素敵だった』桜の花出版 , 2003.
吉田清治『私の戦争犯罪』三一書房 , 1983.
吉田茂『日本を決定した百年』日本経済新聞社 , 1967.

目良浩一（めら・こういち）

「歴史の真実を求める世界連合会」代表。

1933年、朝鮮京城府に生まれる。東京大学工学部建築学科卒。同修士課程修了直後に、フルブライト留学生として渡米。ハーバード大学博士課程修了（都市地域計画学）。

ハーバード大学で経済学の助教授を務めた後、1969年から世界銀行の都市開発局に勤務、同銀行の開発方針作成に従事。1975年には、筑波大学の社会工学系教授を務める（都市計画担当）。1976年、日経・経済図書文化賞本賞受賞。1982年に世界銀行に復帰、地域開発アドバイザーとなる。1986年、東京国際大学商学部教授に。1995年から2008年まで、南カリフォルニア大学の国際ビジネス授業担当教授。

2006年、ロサンゼルスにて「非営利法人・日本再生研究会」を立ち上げ、理事長職に。2014年には「歴史の真実を求める世界連合会（GAHT）」を発足させ、現在も代表を務めている。

おもな著書に、和書として『アメリカに正義はあるのか〜グレンデール『慰安婦像』撤去裁判からの報告〜』（ハート出版）、英書として『*Comfort Women not "Sex Slaves": Rectifying the Myriad of Perspectives* (English Edition)』(Xlibris US)、『*Whose Back Was Stabbed? : FDR's Secret War on Japan*』（Hamilton Books）等がある。

「平和に対する罪」はアメリカにこそある

平成31年3月22日　第1刷発行

ISBN978-4-8024-0061-9　C0021

著　者　目良浩一
発行者　日高裕明
発行所　ハート出版
〒171-0014 東京都豊島区池袋3-9-23
TEL. 03-3590-6077　FAX. 03-3590-6078

印刷・製本／中央精版印刷